极简经济学通识课 图解版

（日）菅原晃 著

潘丽 译

図解
使えるミクロ
経済学

化学工业出版社
·北京·

ZUKAI TSUKAERU MICRO KEIZAIGAKU
©2015 Akira Sugawara
First published in Japan in 2015 by KADOKAWA CORPORATION, Tokyo.
Simplified Chinese translation rights arranged with KADOKAWA CORPORATION, Tokyo through Beijing GW Culture Communications Co., Ltd.

本书中文简体字版由KADOKAWA CORPORATION，Tokyo授权化学工业出版社独家出版发行。

未经许可，不得以任何方式复制或抄袭本书的任何部分，违者必究。

北京市版权局著作权合同登记号：01-2017-3583

图书在版编目（CIP）数据

极简经济学通识课：图解版/（日）菅原晃著；潘丽译.
北京：化学工业出版社，2018.10
ISBN 978-7-122-32845-8

Ⅰ.①极… Ⅱ.①菅…②潘… Ⅲ.①经济学 Ⅳ.①F0

中国版本图书馆CIP数据核字（2018）第187630号

责任编辑：郑叶琳　张焕强　　　　装帧设计：水玉银文化
责任校对：王素芹

出版发行：化学工业出版社
（北京市东城区青年湖南街13号　邮政编码100011）
印　　装：三河市双峰印刷装订有限公司
880mm×1230mm　1/32　印张8　插页1　字数170千字
2018年11月北京第1版第1次印刷

购书咨询：010-64518888　　　　售后服务：010-64518899
网　　址：http://www.cip.com.cn
凡购买本书，如有缺损质量问题，本社销售中心负责调换。

定　　价：48.00元　　　　　　　　　　　版权所有　违者必究

前言

本书的目标读者,是那些不了解经济学的人以及经济学入门者,本书的宗旨是阐述经济学的本质,即经济学是什么、经济学使用什么样的思维方法。本书虽名为微观经济学,但目的不在于讲解大学的《微观经济学》、帮你轻松获得学分,更不以资格考试为目标。

凯恩斯经济学被认为是"宏观经济学"(宏观经济学探究的是GDP、失业率与物价水平等经济社会全貌)。第二次世界大战后,出现了"微观经济学"这一概念。

本书认为,"微观经济学"这一名称,才是经济学原本的思维方法,所以书名采用了这个概念。

一言以蔽之,微观经济学分析的是供给和需求构成的市场是什么、运行着怎样一种机制的问题。市场的主要参与者是家庭(个人)和企业。商品或服务市场中家庭是需求方,企业是供给方;而劳动力市场中家庭是供给方,企业是需求方。微观经济学就是分析家庭和企业怎样相互作用以及这种相互作用给市场带来怎样的影响。

本书旨在说明经济学相关的普遍原理,因此本书借鉴了微观经济学原理。

此外,对于经济理论(或者说模型)和经济现象(或者说现实、实践)的关系,笔者认为,理论是为了说明现象,实践先于理论。

理论(通过数理模型捕捉现象的一种学科)的诞生是为了解释现象,而不是因为有某种理论才出现某种现象。有人认为经济学是宗教,觉得经济学不可信。但是这些人在生活的方方面面都受惠于那些从事各行各业的人们,比如他在人生中所做的选择、当下拥有的财富(贸易均衡)、所从事的专业等无一例外,这就是现实,这些都能用经济学理论来解释。

阅读此书读者若能培养出日常生活中的经济学思维,则是笔者一大幸事。若能通读完此书,则会明白所谓的"市场原教旨主义"及"新自由主义"从严格意义上来说并不存在。此外,笔者有意通过此书向大家传达一个思想——街头巷尾的那些所谓经济学定论大多是因误解造成的。笔者深知此路漫漫,望大家能陪伴左右。

菅原晃

注:本书秉持通俗性第一、严谨性第二的理念,故难免有将理论或案例极端化之嫌,书中未探讨经济学理论方面的争论与发展,种种缺陷还望读者谅解。

目录

第一章
曼昆的经济学十大原理

经济学是什么？曼昆提出的经济学十大原理 // 002
十大原理 1　权衡取舍（1）：二选一　// 004
十大原理 1　权衡取舍（2）：追求效率还是追求公平　// 006
十大原理 2　衡量机会成本　// 008
十大原理 3　理性人考虑边际理论　// 010
十大原理 4　人们会对激励做出反应　// 012
十大原理 5　贸易能使每个人的状况更好　// 014
十大原理 6　市场通常是组织经济活动的一种好方法　// 016
十大原理 7　政府有时可以改善市场结果　// 018
十大原理 8　一国的生活水平取决于它生产物品与劳务的能力　// 020
十大原理 9　政府发行过多货币时物价会上升　// 024
十大原理 10　社会面临通货膨胀与失业之间的短期权衡取舍　// 026
专栏 1　相互关系不等于因果关系　// 028

第二章
经济模型与比较优势

经济模型 1　将经济模型化分析　// 030
经济模型 2　生产可能性边界　// 032

预算曲线和无差异曲线 1	表示可选范围的预算曲线	// 036
预算曲线和无差异曲线 2	洞察消费者喜好的无差异曲线	// 038
预算曲线和无差异曲线 3	预算曲线和无差异曲线的结合	// 040
比较优势 1	比自给自足状况好的"专业化和交换"	// 042
比较优势 2	容易混淆的绝对优势和比较优势	// 046
比较优势 3	从阶段价值考虑比较优势和机会成本	// 048
比较优势 4	比较优势和交换利润	// 050
比较优势 5	生产可能性边界的形式	// 052
专栏 2	李嘉图的比较优势理论	// 054

第三章
传统经济学：供需曲线的世界

供需曲线的基础 1	市场机制	// 056
供需曲线的基础 2	需求曲线	// 058
供需曲线的基础 3	供给曲线	// 060
供需曲线的导出 1	需求曲线的移动	// 068
供需曲线的导出 2	供给曲线的移动	// 070
供需曲线的导出 3	边际革命引发的新视点	// 072
供需曲线的导出 4	马歇尔供需曲线	// 074
供需曲线的导出 5	微观经济学的供需曲线	// 076
供需曲线的弹性 1	价格改变需求与不改变需求	// 078
供需曲线的弹性 2	对奢侈品征税，受损的是普通百姓！？	// 080
均衡的调整 1	市场机制下价格的自动调节体系	// 082
均衡的调整 2	需求和供给的变化	// 084
价格管制 1	保护消费者的物价机制反而让消费者痛苦	// 086
价格管制 2	政府无视市场均衡实施价格保护的后果	// 088
贸易与生产者保护 1	贸易保护的原因	// 090
贸易与生产者保护 2	消费者负担关税的事实	// 092
贸易与生产者保护 3	关税和补贴哪个更有利于生产者保护？	// 094

贸易与生产者保护 4　欧盟农民实际上大多是"公务员"　// 096
贸易与生产者保护 5　日本的农业保护政策和粮食自给率　// 098
完全竞争市场和垄断市场 1　需求曲线呈水平状态的完全竞争市场　// 102
完全竞争市场和垄断市场 2　垄断市场形成的原因（1）　// 104
完全竞争市场和垄断市场 3　垄断市场形成的原因（2）　// 106
完全竞争市场和垄断市场 4　垄断市场的供需曲线　// 108
垄断市场的特征和危害 1　垄断问题真正的原因　// 110
垄断市场的特征和危害 2　买方垄断的实例（HOKUREN）　// 112
垄断市场的特征和危害 3　垄断市场的危害：黄油短缺发生的原因　// 114
垄断竞争市场 1　差异化带来垄断实力与竞争　// 116
垄断竞争市场 2　广告效应和品牌战略打造差异化　// 118
市场失灵 1　政府的必要性（1）：不完全竞争市场　// 120
市场失灵 2　政府的必要性（2）：外部不经济和公害问题　// 122
市场失灵 3　政府的必要性（3）：信息不对称　// 124
市场失灵 4　政府的必要性（4）：公共产品　// 126
市场失灵 5　政府的必要性（5）：公共用地的悲剧　// 130
收入的再分配　日本是最公平的国家！？　// 132
专栏 3　为什么下雨天很难打到出租车？　// 134

第四章
引入博弈论这一新视点

什么是博弈论？　给传统经济学加入新视角　// 136
博弈论的三要素　预测对方出牌的市场　// 138
囚徒困境 1　是保持沉默还是供出同伙？　// 140
囚徒困境 2　囚徒困境能否解决？　// 144
寡头垄断市场 1　寡头垄断市场中博弈论的出场　// 146
寡头垄断市场 2　寡头垄断企业能否相互维持高价？　// 148
合作关系 1　合作的实现：针锋相对策略　// 150
合作关系 2　合作与竞争：囚徒困境的解决之法　// 154

宽大制度　利用囚徒困境将恶意串通大白于天下　// 156
合作博弈 1　与对手同步，实现利益最大化　// 158
合作博弈 2　灾害发生时的抢夺行为不是因为社会未开化　// 160
合作博弈 3　取胜标准化！激烈的标准化之争　// 164
比较制度分析 1　终身雇佣和年功序列都是合理的纳什均衡　// 166
比较制度分析 2　与生活相匹配的日本雇佣体系　// 168
比较制度分析 3　日本雇佣体系正在崩溃　// 172
重复博弈　博弈树画出所有"手"　// 178
承诺　争先承诺缩小对手的选择范围　// 180
信息差与对策　市场内在的信息不对称　// 182
日本社会 1　匿名社会和透明社会　// 186
日本社会 2　重视长期关系的"百年老店"　// 188
日本社会 3　日本社会的机会成本和交易成本　// 190
日本社会 4　博弈论下纵向社会的人际关系　// 192
专栏 4　"信赖"与"安心"　// 194

第五章
行为经济学论证人类的非理性

行为经济学 1　经济行为人未必理性　// 196
行为经济学 2　效率和公平哪个重要　// 198
神经经济学　从大脑活动分析经济学　// 200
最后通牒博弈　即使自己吃亏也要重视公平　// 202
独裁者博弈　人有多自私？　// 204
大脑和行为　大脑活动和情绪左右人的决定　// 206
信任博弈　被一直深信的公平背叛　// 208
利他主义 1　合作是人的特征　// 210
利他主义 2　公平主义产生的时间　// 212
理性与情感 1　理性与情感不是对立的　// 214
理性和情感 2　大脑活动与道德困境　// 216

理性和情感 3　人是利己的　// 218
理性和判断 1　认识的局限：有限理性　// 220
理性和判断 2　大脑的职能　// 222
理性和判断 3　直觉判断容易出错　// 224
前景理论 1　不确定情形下人类的决策机制　// 226
前景理论 2　思维的简化编辑过程　// 228
前景理论 3　不同顾客对降价 8 美元感受不同的原因　// 230
前景理论 4　放弃年薪 600 万日元而选择 500 万日元　// 232
前景理论 5　安于现状的风险规避心理　// 234
前景理论 6　购买空头彩票的原因　// 236
幸福 1　收入和幸福感指数比例失衡　// 238
幸福 2　政策的目标在于提高国民主观幸福感　// 240
经济学全貌　经济学巨人们的人类观和三种经济学　// 242

后记　// 244

第一章

曼昆的经济学
十大原理

经济学是什么？ 曼昆提出的经济学十大原理

> 经济学的英文名称叫 economics。众所周知，资源是有限的，而经济学就是一门如何最大化地利用和管理这些稀缺资源的学科。

　　经济学的英语单词 economics 来自希腊语 oikonomos，意思是"掌管家庭"，并由此派生出 economy（经济）这个词。经济学就是一门研究如何节约资源、提高效率的学科。

　　资源是有限的，石油、煤炭等资源并不是应有尽有、取之不尽的，而人们的时间也是有限的，企业在资本、设备、劳动力等方面也有局限。由于资源的有限性，社会不可能生产出人们想要的所有商品或服务，这就叫稀缺性。如何最有效地使用这些稀缺资源，这正是经济学要思考的问题。

　　对经济学进行研究时，针对经济现象可以从各种角度切入。现在以经济现象为中心的经济学原理都有其共同点。比如，斯蒂格利茨的教科书就是从五个方面展开的，即权衡取舍、激励、交换、信息、分配。这些都是经济学的基本思维方法，就像人们享用经济现象这顿大餐时手中握着的刀和叉。

　　本书接下来将以经济学家曼昆总结的十大原理为基础，解说其思维方法。本书将向读者诠释经济学是一门怎样的学科，以及它所采用的思维方法。

经济学探索如何最大化地利用和管理社会稀缺资源

空气(氧)能不能成为经济学研究的对象?

平原地区空气无限多 ← 不具备稀缺性,不能成为经济学的研究对象

海洋、高山、宇宙 ← 具备稀缺性,能成为经济学的研究对象

有限的资源(时间、人力、物力、金钱)

| 时间用来学习还是兼职? | 哪些资产用于何种工作?怎么分配? | 现在使用?以后使用? | 用于社会资源(混凝土)?还是社会(个人)? |

4个原理包括:(1)资源稀缺性,(2)机会成本(权衡取舍),(3)边际决定决策,(4)激励。

克鲁格曼
(美国,1953—)

经济学十大原理 ※

人们怎样做出决策?

1. 人们面临各种权衡取舍。
2. 某个东西的成本是为了得到它而放弃的东西。
3. 理性人会考虑边际量。
4. 人们会对各种激励做出反应。

人们怎样相互交易?

5. 贸易能使每个人的状况更好。
6. 市场通常是组织经济活动的一种好方法。
7. 政府有时可以改善市场结果。

整个经济如何运行?

8. 一国的生活水平取决于它生产物品与劳务的能力。
9. 当政府发行过多货币时,物价会上升。
10. 社会面临通货膨胀与失业之间的短期权衡取舍。

曼昆
(美国,1958—)

※ 即使是最前沿的经济分析也是以这10个基本原理为基础的。

权衡取舍（1）：二选一

十大原理 1

我们把选择一种东西就必须放弃另一种东西叫作权衡取舍。你的"今天"就是你人生权衡取舍的结果。

一个学生必须决定如何分配自己一天的时间（24小时这种稀缺资源），是将所有学习时间用于经济学还是心理学，抑或各自1/2，做出一种选择就必然放弃其他选择。要想有充足的时间学习，他就必须减少午睡、看电视、上网、约会、兼职的时间。

在家庭里，父母决定如何支配家庭收入时，可以将它用来添置家人的衣物或增加生活费，也可以用于旅游，甚至可以存起来做孩子们将来的学费。他们必须决定哪项支出1万日元，哪项削减1万日元。

在企业里，决策层必须在10个企划中选出1个优先执行。因为员工人数、公司面积、时间、资本等都是有限的，推进某个计划必然会缩减其他计划的资源投入。

> 我们对商品的购买欲是无止境的，但口袋里的钱却有限。考虑经济就是家庭、企业、政府在现有资金的前提下决定如何分配商品或服务这些有限资源。石油等天然资源、土地、劳动力、劳动技能、信息、时间等都可以称为资源。
>
> （摘自《社会科——中学生公民》，帝国书院）

如此看来，权衡取舍（也可以叫二律背反）并不只是将钱花在哪里这么简单，它还关乎人生所有，比如挣钱还是休息、结婚还是不结婚等。正因为资源的稀缺性，人们不可能选择所有的东西。

第一章 曼昆的经济学十大原理

时间和金钱都需要权衡取舍

学生
是将自己的时间花在学习上，还是花在兼职上？

↓ ↓
学数学？ 兼职挣钱买参考书？
学英语？ 去旅游？

家庭
是现在消费？还是为将来存钱？

↓ ↓
生活费？ 房子首付？
补充购买衣物？ 孩子的学费？

企业
选择 A 文案，还是 B 文案？

↓
如何分配人员和预算？

> 多数情况下，我们在这种商品上多开支一些，那么在其他商品上就会少开支一些。比如，有 500 日元伙食费，我们一般不会全部用来买蛋糕，而是少买一点蛋糕，用省下的钱买饮料。
>
> （摘自《社会科——中学生公民》，帝国书院）

多种可能性只能选一个

同学们，你们的未来有无限的可能性！

可是可以选择的路只有一条呢！

十大原理 1 — 权衡取舍（2）：追求效率还是追求公平

效率和公平是两个不同概念（有时也可以同时成立），从发展经济这个角度出发，两者可以说是权衡取舍关系。

群体社会形成后，人们就面临着效率和公平的权衡取舍问题。效率是如何最有效地利用稀缺资源实现最大利益，即做大蛋糕的问题。而公平则是社会如何均衡地分配这块蛋糕，即分配蛋糕的问题。

福利制度和失业保险是社会对弱者分配蛋糕，由此产生了累进所得税这一制度，它增加了高收入人群的负担。累进所得税实现了社会公平，但降低了效率。有时候，劳动报酬减少，商品或服务的产出也随之减少。

微观经济学侧重解决"做大蛋糕"这一效率问题。而"分配蛋糕"是政治问题，其效率无法用数字证明，"公平"也没有唯一答案。税收这一项就有体现垂直公平的累进税和体现水平公平的消费税。"年功序列工资制"体现的是年龄上的公平，而"成果工资制"体现能力上的公平。到底谁更公平，则仁者见仁智者见智（曼昆）。

效率（做大蛋糕）	公平（分配蛋糕）
经济学（市场）	政治学（民主政治）
实证分析法	规范分析法
事实论	价值论（真善美）

追求效率还是追求公平？

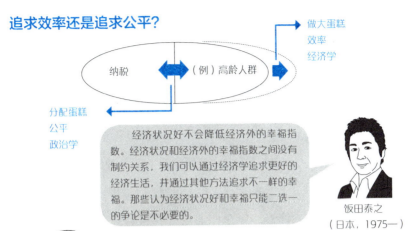

经济状况好不会降低经济外的幸福指数。经济状况和经济外的幸福指数之间没有制约关系，我们可以通过经济学追求更好的经济生活，并通过其他方法追求不一样的幸福。那些认为经济状况好和幸福只能二选一的争论是不必要的。

饭田泰之
（日本，1975—）

安倍经济学……安倍政权喊出口号"让经济增长起来"，而在野党则不提倡经济增长论，而是主张分配论，即"股票上涨但百姓并没有得到好处""应该减少非正式员工数量，增加正式员工数量"。但是，没有经济的增长便没有财富的分配。因此，在野党的主张没能让民众感受到发展经济的魅力。

田原总一郎
（日本，1934—）

市场经济和计划经济在效率上存在巨大差距的例证

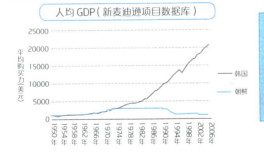

朝鲜半岛的韩国（市场经济）和朝鲜（计划经济）短短50年内就在效率（人均GDP）上产生了如此大的差距。德国统一前东德西德之间也存在收入差。

（摘自《关于德国统一代价和近期欧洲问题》，《日本银行月报》，1992-12）

十大原理 2 衡量机会成本

> 机会成本是指为了得到某个东西的价值而必须放弃的东西（金钱和时间等）。

面对权衡取舍时，人们总是通过比较所需投入的各种成本（包括时间）和所能获得的收益来决定自己的选择。但是必须投入的成本是不明确的。

读大学能提高人的修养，将来职业选择的机会更多，这是它带来的收益。但同时上大学必须投入学费、书籍费、住宿费、伙食费等，而且所需费用的计算并不简单，它不是各种费用的累计相加。即使不上大学直接参加工作，住宿费和生活费还是必需的，但可以获得4年工资。上大学则会损失至少4年工资和工龄。这样，上大学所需的成本与所得的收益等同于参加工作所得的工资与工龄的总和。

有些高中生认为上大学所得的收益少于机会成本（为了上大学而必须放弃的东西），于是他们不去大学，而是走向职业体育或演艺界。所以，为了得到一种东西必定要放弃另一种东西。

跳槽损失的本年度收入也属于机会成本。将液晶工厂的工人调去生产太阳能电池，舍弃的是液晶生产的机会成本。

退休人员下午看电影的机会成本很低，但是卡洛斯·戈恩担任日产汽车公司CEO时每小时的机会成本是62.5万日元（→8小时×200天＝年薪10亿日元），浪费1分钟都觉得万分可惜。他喝咖啡所付出的机会成本相当于新员工的300倍。所以为什么他出行会乘坐私人飞机也就不难理解了。权衡取舍就是衡量机会成本。

不同学历人群的年均收入

衡量机会成本

当然,进大学深造所获收益不及所需成本的案例也是有的。但如果高中就是优秀棒球手的话,毕业后进入职业球队当一名现役选手或许能更有效地利用时间。但是,如果选手受伤,那么他转行谋生的选择少之又少。因此选择什么就等于放弃别的什么。机会成本就是你放弃的那些价值。

十大原理 3　理性人考虑边际理论

理性人为了达到目标，会在给定的条件下做好万全准备，尽自己最大的努力。

经济学中，人们和社会都被假定成理性的。人们为了最大限度实现自己的利益，会决定花多少时间劳动、多少时间自由支配，也能决定多少工资用于消费、多少工资存起来，以及购买什么金融商品或服务。公司为了将利润最大化，会决定雇佣多少人力，生产和销售多少商品或服务。

像这样，理性人深知选择并不是非100即0。对于他们而言，"晚餐怎么吃"这个问题，并不是说"一点也不吃还是全部吃掉"，而是"在家吃还是在外面吃？吃日本料理还是中餐？"。

学生临考前的学习时间分配并不是说"24小时全部学习还是都不学习"，而是"要不要少看1个小时电视，多看1个小时笔记"。我们称这种微调整选择为边际选择。选择不是资源的全部调整，只是边际资源的微调整。换言之，权衡取舍不是考虑所有开支和所有所得的全部或平均，而是通过比较边际成本和边际收益做出选择。

边际（marginal）

意思是"追加的"，是指额外1单位（时间，金钱，劳动等）。生产（消费）某种商品或服务时，额外增加生产（消费）1单位就是边际成本，从中能够增加获得的收益就是边际收益。

边际相关的词语还有边际效用、边际成本、边际收入、边际生产、边际消费倾向，等等。

旺季和边际收入生产

日本总务省 2012 年《家计调查》显示，日本 2 月份巧克力的消费额达到全年消费总额的 23.1%。平时巧克力工厂 10 个员工每天做 100 个，2 月份则每天要做 1000 个。如果只聘请一个兼职，则无法生产 1000 个；而如果雇 100 个人的话，毫无疑问会造成过度雇佣，显然会入不敷出。于是厂长算了这样一笔账：巧克力价格 × 1000 个 = 收益，兼职人数 × 每小时工资 = 成本，且收益 > 成本。于是厂长决定招收兼职。我们把最后增加的那个兼职称为"边际"。

旺季应该招几个兼职？

平时
100 个 / 日生产

旺季
1000 个 / 日生产

   …

要不要增加最后 1 个人？通过"边际收入 > 边际成本"来决定

美国职业棒球大联盟选手年薪高的原因

（摘自《哈伯德经济学Ⅱ》"宏观经济学基础篇"，日本经济新闻出版社）

（1）美国职业棒球大联盟选手 = 边际收益高
每增加 1 名选手，球队的额外收益将怎样增加？
= 职业棒球大联盟选手的边际收益大
额外成本：选手的年薪
额外收益：入场费、广播和电视的版权费、商品销售收入等
职业棒球大联盟 750 人的平均年薪　330.5 万美元（2011 年）
（2）大学教授 = 边际收益低
额外成本：教授的年薪
额外收益：学生数能否增加几个（这点令人怀疑）
美国 150 万名大学教授的平均年薪　8.4 万美元（2011 年）

※ 波士顿红袜队（超人气球队）的年薪比教授高

边际效应预估错误的后果

> 网络超市是网上下单送货上门的一种购物方式，多数企业都苦于难以确保其赢利。因为网络超市商品价格虽然与实体店无异，但是打包商品送货上门的成本实际上由企业负担（网络超市的商品由兼职人员在店内打包）。这种"利润外的服务"是难以赢利的主要原因。
>
> （摘自《日本经济新闻》，2014-12-25）

边际成本几乎为零

下载或拷贝 DVD、音乐、视频、文字等数字信息所需的边际成本非常低（只需电费和时间），边际成本 < 边际收益，这就是非法拷贝屡禁不止的原因。

十大原理 4 — 人们会对激励做出反应

和惩罚、奖励相似,激励是促使人们做出某种行为的诱因、动机,总的来说就是"得或失"。

　　人们将成本和收益做比较,表明这个人正在对某种激励做出反应。学习经济学就会明白激励所起的核心作用,甚至有经济学家断言"激励是一切,其他只不过是它的例证"。

　　在促销卖场、人气拉面店前,人们总会犹豫要不要排队购买商品或服务,因为他们在想投入的成本(时间和金钱)能否得到预期的收益。

　　日本的主妇们总是争取将一年的兼职收入控制在103万日元或130万日元以内,这样家庭收入才不会随着国家税制波动。

　　因为现行的"配偶扣除"规定妻子(配偶)的年收入在103万日元以下,则丈夫(纳税人)的纳税额可扣除38万日元,居民税纳税额再减去33万日元,这样纳税额就会大大减少。

　　欧洲柴油机车比例大,美国则很小,因为欧洲汽油税率比美国高。

　　美国大学生拼命学习,因为美国大学学费比日本贵很多,奖学金制度也更全面,奖学金均摊的话几乎可以让成绩排名在前1/3的学生免学费。

　　经济学家们的回答很简单。"想要保护环境,那就征收燃油税。想要提倡购买节能车,那就发补贴。想要号召每个家庭使用太阳能,那就在税收上给予优待。"这样效果会立竿见影。政策会改变人们或企业对某种刺激的反应,像这样的事例不胜枚举。

激励与政党

新党成立时期的法则

这是一种年末型法则。每年 1 月 1 日，人们脑海里就会浮现政党补助金这个词，它是按国会议员人数计算的。日本议员们都有年末成立新党的情结。"连结党"和新进党就是很好的证明，"连结党"是从"大家的党"脱离出来的议员们在 2013 年 12 月重新组建的，新进党也是在 1994 年 12 月成立的。

（摘自《日本经济新闻》，2014-05-11）

兼职工作的现状

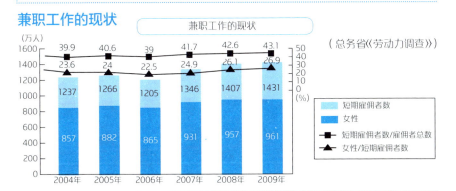

约 75% 兼职主妇年收入 103 万日元以下

在对兼职主妇的调查当中，有些人回应"目前自己的收入设了某些上限"，设限最大的理由则不尽相同：54.2% 将年收入控制在"90 万～ 103 万日元（包括 103 万日元）"，理由是"为了自己的收入不用扣税，而且还能享受'配偶扣除'规则"；62.2% 控制在"103 万～ 130 万日元（不含 130 万日元）"，理由是"可以以受益人的身份加入丈夫的社会保险"。此外调查结果显示收入设限的理由与实际年收入基本一致。

（摘自《平成 22 年版 兼职白皮书》，AIDEM 株式会社、人与工作研究所）

社会动机超过金钱动机的案例

黑田波树投手（美国职业棒球大联盟·扬基队）时隔 8 年后杀回广岛，1 年合约的浮动年薪推测达到 4 亿日元以上。下赛季道奇队将举行一场年薪 1500 万美元（约 18 亿日元）的大型签约活动。

（摘自《每日新闻》，2014-12-27）

社会动机（即使是做志愿者也会选择做）和金钱动机（如果报酬低就不想做）不能共存。激励是在各种因素的基础上判断得失。

十大原理 5　贸易能使每个人的状况更好

> **贸**易就是买卖（trade）、交换（exchange），它能使所有人的状况更好。

交换是人类有史以来一直存在的行为，可以说正是因为这种交换，人类经济才得以产生。

狩猎采集民族依靠自己掌握的农业技术选择居住地，随着农业的发展出现了旱地耕种、饲养家畜的畜牧业，历史上称为粮食生产革命。大约在公元前8000年的美索不达米亚平原出现了这样的农业。

在狩猎时代，人们并没有劳动的概念；到了农耕时代，人们才开始制订以后的耕作计划，维持日常生活。日语中，家庭经济这个词就来源于生活管理。

农耕、畜牧成为可能以后，人们的生活比狩猎时代安定了，于是出现了职业，如农耕、畜牧、狩猎、木工、渔民等。分工出现以后，人们的状况就更好了，出现了剩余劳动产品。在古代文明的发祥地美索不达米亚平原，分工进展顺利，产出了许多剩余产品，多次遭到邻近部族的袭击。与在袭击中被害的人们相比，向王室进贡保障人身安全的人们要幸运得多。这就是税收的开始。

贸易（买卖、交换）使得那些擅长农耕、缝制、建筑等的人们能够成为各自领域的专家，通过和别人交换，他们可以买到的商品或服务远比自给自足时多。

200年前李嘉图回答了"为什么人类要进行交换"这个问题,他说"因为交换能产生利润",后来的比较优势理论证实了李嘉图的答案。人类就是在理论面前践行着交换的。

分工与交换的利益(尼格拉斯·庞巴,《亲子学习什么是经济》,主妇之友社)

一个人想要做好很多事情是不可能的,所以对某件事最拿手的人往往就专做这一件事。

色诺芬
(古希腊,公元前430—公元前354)

非洲北部殖民城市迦太基的人们如何与周边利用石器的人们交换。
①迦太基人乘船到某岸边,将自己的物品放在那里。
②乘自己的船返回,点燃狼烟(发送信号的火和烟)。
③居民们前来看物品,并把相应的钱放在那里。
④迦太基人若对放的钱满意就回去,不满就留宿直到谈妥。

希罗多德
(古希腊,公元前484—公元前425)

在德国发现的远古时代墓穴中,发现了几千公里之外的雅典制的陶器碎片和装饰品,可见两国之间的交易在史前就有了。

社会分工

比起所有东西都做到自给自足,专家们在各自擅长的领域分工合作,相互交换更有效率,能生产出更多的商品或服务。

十大原理 6 市场通常是组织经济活动的一种好方法

经 经济学上将进行交换的场所都称为市场（market），充分发挥这种市场的作用就叫市场经济（market economy）。

1917年诞生、1991年崩溃的苏联经济体系就是生产什么样的商品或服务、生产多少、卖给谁都由中央政府决定，政府职员负责经营工厂和店铺。这是一种由中央政府单独决定经济活动来保证全国上下福祉的经济制度。它与市场经济对立，叫作计划经济（planned economy）。

在市场经济下，计划决策由几百万甚至几千万人或企业做出，人们自行决定到哪个企业上班，自行决定用工资买什么。个人和企业的行为相互影响，共同决定价格和产量，价格和产量又反过来影响个人和企业的决策。不可思议的是，虽然政府下放权力，由个人和企业做决策，但市场经济提高了整个社会的福利，取得了显著成效。

亚当·斯密（请参考第242页）曾说："每个人自由追求的利益会在'看不见的手'的指引下带来期望的结果。"随着经济学学习的展开，看不见的手带来理想结果的手段之一就是价格——这一观点会越来越清晰。他还声称通过调整价格和产量，可以实现社会经济性福利的目标最大化。

政府妨碍调整价格，看不见的手的作用就会削弱。人们和企业拥有的信息都体现在价格上，而计划经济体系下的中央政府却没有这样的信息。那只看不见的手被束缚了。

市场经济和计划经济

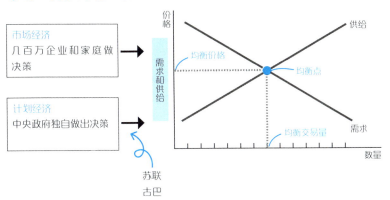

苏联的价格统制和生产者补贴

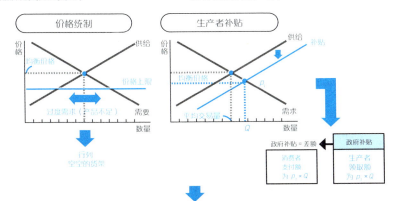

赫鲁晓夫
（苏联，1894—1971）

经济这东西总是不遂人愿。

十大原理 7 — 政府有时可以改善市场结果

> 十大原理7的原文是"Government can sometimes improve market outcomes"。句中用can这个词,而不用will,因为原文并非"总能改善"。

学习经济学的目的之一是回答"为什么需要政府",其中一个原因是市场经济的规范及其管理者履行职责是十分必要的。

在私有财产不可侵犯的制度中,必须保护资源的所有权。如果顾客不付款,餐厅就不做菜。如果允许非法拷贝,那么DVD将无法制作。因此警察和法院这些"看得见的手"是非常有必要的。

还有一个原因就是"看不见的手"也并非万能的,这一点可以从效率和公平方面考虑。效率方面,资源分配不均就叫"市场失灵"。

其原因之一是"外部性"。有时候人们或企业的利己行为导致环境破坏,降低了社会的整体福利水平。

市场失灵的另一个原因是垄断。垄断是指单个个体或组织不正当操作市场价格。比方说,如果某个城镇只有一口井,那么能够限制所有者利益的机制就无法发挥作用,价格机制也就毫无作用。当外部性或垄断存在时,可以通过适当的公共政策来提高效率。

但是政府对市场的作用也只是"有时可以改善",并非"总能改善"。公共政策必须通过政治这个过程才能被确立,而政治则是离完美相差十万八千里的概念。公共政策有时会被有影响力的组织左右,有时由那些信息掌握不全的领导者决定。正因如此,为了正确评估公共政策的合理性,有必要对效率和公平进行经济学分析。

政府的必要性

1. 规则齐备	警察、法院、国防	
2. 市场失灵	（1）垄断 （2）外部性 （3）信息不对称 （4）公共财物	垄断妨碍资源的有效配置 应对公共事件的成本不包含在私人成本中 消费者不知道药物的安全性 有些人无偿使用路灯、灯塔等公共财物

市场失灵案例

> 某地空气污染严重，航班取消是家常便饭，肺癌发生率高达60%，预计经济损失达890亿日元。为了应对公害，制订了3年投入1000亿日元的计划。
>
> （摘自路透社网站，2013-03-29）

右图中企业不考虑大气污染进行生产（均衡p_1）。p_0是产品价格中包含污染治理费用的原有均衡。市场定价后，污染企业的商品就会供给过剩。如果对其征收污染治理费用的话（<u>在商品价格中追加社会成本</u>），就能实现资源的有效配置p_0。

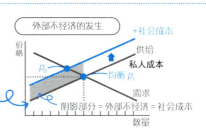

政府失灵案例（八田达夫，《微观经济学Expressway》，东洋经济新报社）

美发师与美容师的国家资格限制
　　（1）高中以上学历
　　（2）就读于厚生劳动省认可的专业学校（2年），费用约150万日元
　　（3）美容师考取美发师（逆向亦可）需再次就读2年+150万日元学费（学科内容一致）

为什么美容美发师的资格认定与武道、书法、花道截然不同？
①学校为了盈利
②上级对业界团体、考试实施团体的强制命令
③美容美发师的既得利益保护
} 均由团体设立

- 业界法律严禁美容师和美发师在同一家企业劳动。1947年，很多"海归"凭借一把理发剪经营起了"青空床屋"之类的美发店，店内员工之间的争吵不绝于耳，这种法律就在这样的背景下诞生了。国会议员参与立法，加入了一些细小规则，进一步完善了法律制度。
- 2016年，厚生劳动省允许拥有双资格的店铺可以兼营美容美发，于是日本出现了美容师49万人、美发师23万人，双资格人士1.2万人。考取资格各自需要2年学习时间，一般3年能拿到证书。

（摘自《日本经济新闻》，2015-03-15/2015-06-10）

十大原理 8 — 一国的生活水平取决于它生产物品与劳务的能力

> 个人、企业、国家劳动生产率的高低决定收入的高低，劳动生产率是平均每小时（1个人、1单位资本）的产出能力。

2013年美国的人均GDP约为53000美元，日本为38500美元，马来西亚为10500美元，尼日利亚为3000美元（国际货币基金组织数据）。这种平均收入的差距体现在生活水平上，高收入国民比低收入国民拥有更多的电视、汽车，营养状况、医疗状况都要更好，且寿命更长。

历史上，美国国民收入的实际年均增长率为2%。在这样的增长率下，每35年平均收入翻一番，20世纪美国的平均收入上涨了8倍（同期日本达到了17.6倍）。

> 国家不同、时代不同，生活水平会有很大差别和变化，这是为什么呢？其实答案很简单。生活水平的差距和变化可以通过各国的劳动生产率来说明。劳动生产率是一个劳动者每小时生产商品或服务的总量。劳动者每小时生产商品或服务多的国家就能享受高质量生活，而产出低的国家只能忍受低水平生活。一个国家劳动生产率的提高意味着平均收入的增长。
> ［摘自《曼昆经济学》（第3版）微观经济学篇，东洋经济新报社］

20世纪70年代和80年代美国收入增长缓慢，人们都说是因为以日本为代表的国家参与竞争，其实真正的原因并不是与海外的竞争，而是美国国内劳动生产率增长缓慢。日本曾经在世界舞台上消失了20年，这同样不是因为海外竞争，而是因为当时日本的劳动生产率没有提高。

日本拥有完备的社会基础设施，在这样的环境下，和非洲南部各国相比，在劳动生产率方面存在着不可逾越的鸿沟。

各国劳动生产率的不同

生活水平的差距并非由绝对性的名义 GDP 来决定，而要看各国的劳动生产率（人均 GDP）。中国的名义 GDP 在日本之上，但人均 GDP 不及日本。

日本人均 GDP 在世界排名中的变动

1983 年	1993 年	2003 年	2013 年
17 位	3 位	11 位	24 位

过去的二十多年来，日本人均 GDP 在世界的排名逐年下降，不能说是经济上的一流国家。

技术提高导致劳动生产率变化

机械、设备	人力→机械（叉车，电铲）生产为劳动生产率带来了突飞猛进的发展。计算机处理速度的加快提高了劳动生产率。
人	人掌握了技术，劳动生产率就提高（改善电子表格软件中的按键操作）。老手的劳动生产率高于新手的。

检票自动化

昭和时期的人工检票　→　持车票自动检票　→　无车票自动检票

分类的自动化

日本大和控股的社长木川真（现任会长）说"人手不够，依靠自动化改变状况"

　　需要处理的包裹不断增加，依靠人力进行分类显然不够了，于是计划引进最先进的自动化设备来提高作业效率。将人工费省下来支付设备的折旧费，争取将一个包裹所花的人工费降到5年前的70%。

（摘自《日本经济新闻》，2014-12-23）

薪资和劳动生产率

吉川洋"解读地球"

　　不论什么时代，不管哪个国家，要让加薪成为可能，必须提高劳动生产率。无论哪个国家都有生产率高的部门和生产率低的部门。如果人们从生产率低的地方向生产率高的地方流动，那么一个国家经济整体的平均生产率就会提高。虽然经济增长日新月异，时代变迁一刻不止，但人们从生产率低的部门或企业流向生产率高的地方，生产率由此提高的理论至今仍很实用。人们原本就倾向于从生产率低的地方往生产率高的地方移动，这一自然流势也存在于经济中，因为生产率的高低关系着薪资报酬的多寡。只要有部门生产率高、薪资水平高，就有人转向那里。

（摘自《读卖新闻》，2014-12-21）

吉川洋
（日本，1951—）

经济增长的三个主要原因

> 增加国内生产可以从三个要素考虑：一是包含工厂、机械等在内的资本；二是能够利用机械生产出含有附加价值的劳动力；三是生产率，即一个劳动者单位时间内生产的物品或劳务的总量。这三个要素任意提高一个都能增加生产。
>
> （摘自《日本经济新闻》"简单经济学"，2015-04-15）

在日本经济增长的三个主要原因中，生产率起着决定性的作用。

企业生产率的不同

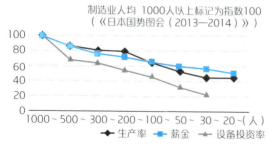

生产率的水平直接影响着收入水平。大型制造业企业的从业人员只占全国的24.8%，但出货额高达53.2%（《中小企业白皮书2013年版》）。

大型企业的附加值数额（利润）约为中小企业的2倍，中小型企业的劳动分配率（企业生产的附加值中作为人工费支付给劳动者的比例）大于大型企业。中小型企业80%以上的利润用于人工费。

十大原理 9 | 政府发行过多货币时物价会上升

通货膨胀（inflation）是指经济中物价全盘上涨。通货紧缩（deflation）是指价格持续下跌。

1921年1月德国报纸价格仅为0.3马克，但1923年11月上涨到7000万马克。这种恶性通货膨胀是历史上最戏剧性的通货膨胀实例之一。

20世纪70年代的美国，虽然经济萧条（增长缓慢），但一般物价水平都上涨了2倍以上，被称为滞胀（停滞性通货膨胀）。

高比率的通货膨胀使得银行的储蓄金实际价值降低（借贷价值也损失），因此将通货膨胀保持在低比率内是全世界中央银行及政府共同的目标之一。

大幅度持续的通货膨胀绝大部分原因是货币供应量增大。政府大幅增加本国货币供应量时，货币就会贬值。20世纪20年代初期德国物价每月涨3倍时，货币供应量竟然每月增加了3倍。20世纪70年代美国高比率的通货膨胀也是货币供应量急剧增加造成的。

1974年日本的消费物价比前一年上涨23%，被称为狂乱物价，其主要原因是当时规定1美元大致相当于308日元，也就是将外汇汇率维持在2.25%以内，实行固定外汇汇率制（史密森协定）。由于通货膨胀导致美元贬值，为了避免此种状况，中央银行（日本银行）减持日元、增持美元。这种汇率介入的结果是日本的货币发行量几近荒诞地增加（岩田规久男《国际金融入门》，岩波书店）。

曾经发生的滞胀实例

国家	德国	日本	津巴布韦
发生时间	1923 年前后	1946 年前后	21 世纪初
发行货币	10 万亿马克币		100 万亿津巴布韦元
通货状况	蛋糕 250 马克→3990 亿马克	黑市乌冬面 18 钱→10 日元，物价上涨 300%	蛋糕 2000 亿津巴布韦元，物价上涨 6500000%
背景	偿还战时国债 大肆发行货币 鲁尔工业区被占领	支付战时国债、军人补贴 大量海归 削减国民财富 1/4，制造业 2 成、船舶 8 成	强制征收土地 旱灾 130 万倍货币发行量

日本政府 → 封锁存款（1946 年 2 月 16 日）

禁止旧版货币流通（1946 年 3 月 3 日）
限制提取存款（当时大学毕业起薪 540 日元，允许户主每月提取 300 新版日元）。
禁止提取存款，旧现金资产、国债、邮政储蓄等统统作废。

滞胀

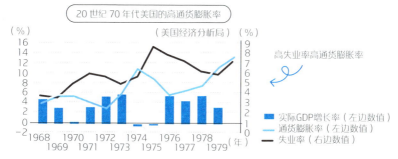

外汇介入和通货膨胀

1973 年 2 月 1～9 日，日本银行买入 11 亿～12 亿美元（为了维持固定汇率制），将大量日元投入市场，这次投放的货币占当时东京市场的 90%。之后日本从 1973 年 2 月 14 日起改行浮动汇率制。

十大原理 10　社会面临通货膨胀与失业之间的短期权衡取舍

菲利普斯曲线反映的是通货膨胀率和失业率之间的相关关系，曼昆表示这条曲线短期内可以作为理论成立。

虽然长期大量发行货币会导致物价上涨，但对于短期货币增发则存在不同观点。多数经济学家对此做了如下说明：

（1）货币发行量增加可以刺激消费，扩大商品或服务的需求。

（2）需求水平提高会渐渐导致企业提高价格，同时企业会增加雇佣劳动力，加大商品或服务的生产。

（3）雇佣增加可以减少失业。

当然也有对这种想法持怀疑态度的人。时至今日，大部分经济学家都接受了1~2年（短期）内通货膨胀与失业之间会存在权衡取舍的观点。多数经济政策的目的是将通货膨胀和失业向反方向扭转。通过调整政府支出、税收、货币发行量，可以影响商品或服务的整体需求水平。

2008年金融海啸致使美国经济增长率一度下降，由2008年的-0.29%直线下滑到2009年的-2.78%，失业率却由5.8%（2008年）直线上升到9.63%（2010年）。美国政府的经济刺激政策是减税与增加政府支出双轨并行。同时美国央行FRB（美国联邦储备委员会）实行加大货币发行量的政策（量化宽松政策：QE），意在减少失业。很多人都担心这些政策会导致长期的高通货膨胀，结果美国成功降低了失业率。

菲利普斯曲线成立的依据是什么？

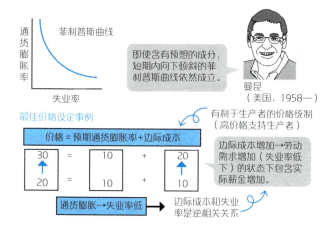

量化宽松政策和通货膨胀率、失业率

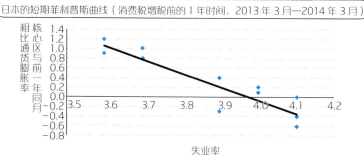

美国的量化宽松政策和日本的安倍经济学都是很有潜力、效果极好的政策，怎样利用这些政策常常成为争论的对象。

相互关系不等于因果关系

本书前面曾提到过学历和薪金之间的相互关系，家庭环境（收入、父母的学历等）和子女的学习能力之间也有相互关系。以下是御茶水女子大学对影响学习能力的主要因素的调查研究结果。

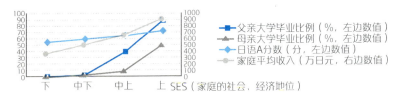

2013年全国学习力调查 小学日语A分数和家庭环境相关性

- 父亲大学毕业比例（%，左边数值）
- 母亲大学毕业比例（%，左边数值）
- 日语A分数（分，左边数值）
- 家庭平均收入（万日元，右边数值）

SES（家庭的社会、经济地位）

仅仅利用儿童作为学生的学习时间来克服家庭背景的不利因素是极难的，SES低的儿童学习3小时所获得的学习能力提升的平均值比SES高且完全不学习的儿童的学习能力平均值低。SES高的家庭，父母本身爱看书，给孩子推荐报纸、书本，和孩子交流书的感想以及将来的打算，社会意识强烈，和孩子一起进出文化场所。因为这不是"这样做（原因）所以这样（结果）"的因果关系，也不是"增加学习时间就能缩小差距"这么简单。

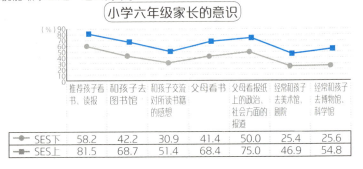

小学六年级家长的意识

	推荐孩子看书、读报	和孩子去图书馆	和孩子交流对所读书籍的感想	父母看书	父母看报纸上的政治、社会方面的报道	经常和孩子去美术馆、剧院	经常和孩子去博物馆、科学馆
SES下	58.2	42.2	30.9	41.4	50.0	25.4	25.6
SES上	81.5	68.7	51.4	68.4	75.0	46.9	54.8

第二章

经济模型与比较优势

经济模型 1 | 将经济模型化分析

> **经济模型**（Economic Model）是将现实简单化，它可以用来分析现实世界。模型能够帮助理解经济。

物理学家测量加速度时，会将空气阻力作为细小东西忽略掉，简化问题。经济学同样如此。

比如，如果要检验世界市场或国际贸易，我们可以假设世界就是两个国家，这两个国家只生产两种物品。现实世界有各种各样的国家和多种多样的商品或服务，但通过假设只有两个国家两种物品，能够更好地探究问题的本质。就像比例尺为1∶1的地图，太大了无法使用，因此做成比例尺为1∶20000的道路地图。

第31页下面的图是经济流通循环图。此图将经济主体简化为家庭（单个的人）和企业两类。

企业生产商品或服务，在商品或服务市场，企业是卖家，家庭是买家。与此同时，在劳动力市场，家庭是卖家，企业是买家。内侧的圆表示对应的金钱流动。商品、服务和金钱的流动是逆向的。

这张经济流通循环图简化了经济流向，同时也整理了家庭和企业之间发生的所有经济性交易。处理这些交易的市场有：（1）商品或服务市场，（2）劳动力市场，（3）货币/债券（投资和信贷）市场。通过此图，可以看出这些交易经常同时发生、相互关联。

比如通货紧缩并不是供需关系导致商品或服务价格下跌这么简单，它还伴随着劳动力市场缩小（薪金偏低）、货币/债券市场流通量小等问题。

简单化（模型化）易于理解世界市场和贸易

现实世界

约 200 个国家、地区 ×70 亿消费者 × 无法测定的商品或服务种类

模型　2 个国家 2 种物品

	毛衣	葡萄酒
A 国　小国	2 件	3 升
B 国　大国	4 件	6 升

限定为 2 个国家，物品也设定为 2 种。

短期和长期模型例子（参考价格的变化）

	假设	实证
短期	物价没有变化	杂志的定价几年变更一次
长期	物价有起伏	超薄电视机、智能手机的通信费

短期模型：价格（名义上的薪资、价格）是固定的

长期模型：价格有起伏，是所授予的（价格接受者）

■经济流通循环图

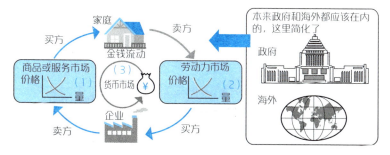

	商品或服务市场	劳动力市场	通货紧缩	通货膨胀
家庭	买方·需求	卖方·供给	工资下跌　雇佣减少	工资上涨
企业	卖方·供给	买方·需求	商品或服务价格下跌 生产减少	商品或服务价格上涨
	货币 / 债券市场		↑通货紧缩时两种现象都出现	

| 经济模型 2 | 生产可能性边界

生产可能性边界图浓缩了权衡取舍、稀缺性、效率、机会成本、经济增长这些经济学的基本原理,是最重要的模型。

商品或服务种类繁多,现在将一个国家生产的商品或服务简化为两种。生产可能性边界就是一国经济在可得到的生产要素(劳动力、工厂和交通运输设备、机械生产技术等)既定时所能生产的产量的各种组合的曲线。下页图中船和铁路运输相当于服务业,汽车生产代表制造业。

如果将可得到的全部资源都转向一个极端,那么可以生产出的组合是运输3000次、车0台或者运输0次、车1000台,要想扩大一方的生产就必须减少另一方的生产(权衡取舍),可以选择的永远只有一个。现实情况是可以生产出线上A点表示的运输2200次和车600台。资源的稀缺性导致C点是这个国家不可能达到的生产点,D点是没有使用全部可得生产要素的低效率状态,A点是最佳效率状态。

生产可能性边界呈现的是一个弧形(从原点开始呈现凸形),这点请参考生产率那部分内容。我们都有擅长和不擅长的,这个国家的劳动者中,有擅长微笑、适合从事服务业的人,也有不善于说话、喜欢和机械打交道的人。图中三角形的长边部分表示生产率高、效率好(擅长领域),不擅长领域则是短边部分。用三角形表示劳动者的生产率的话,所有生产组合就构成了一条曲线。

F点是将这个国家可得的所有资源都用于运输业,既将所有适合服务业的劳动者和设备都投入,也将最优秀的汽车生产行家和机械也投入所能达到的状态。

生产可能性边界图

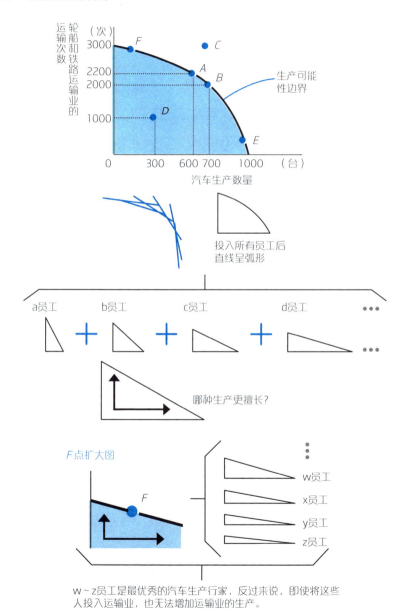

w～z员工是最优秀的汽车生产行家,反过来说,即使将这些人投入运输业,也无法增加运输业的生产。

如第 35 页上图所示，F 点表示为了多进行 1 次运输服务，必须减少很多台汽车的生产，这说明运输服务的机会成本很高。相反，E 点表示擅长运输业的劳动者同样可以担任汽车生产工作，所以如果将他们转回运输业，也能大幅增加运输次数。

接下来分析生产率的提高。随着运输服务的技术革新（继新干线之后磁悬浮列车问世），每小时可运输的次数增加了。这样，即使这个国家的汽车生产台数（汽车的生产率、技术水平）不变，生产可能性边界也会扩大。某个行业生产率的提高，成果不局限于该行业，而是会波及整个社会，增加全社会的生产。下页图中曲线从 A 点向 G 点移动表示运输次数和汽车生产台数都增加了。这就是 GDP 增长、经济增长。生产率的提高同时可以提高个人的生产能力，增加产出，提高收入。因此，生产率高的国家＝收入水平高的国家＝GDP 大的国家，这就是生产可能性边界大国。

生产率的提高大致可分为人技术能力的提升和机械的技术革新。教育（学校、自我教育、家庭教育、职业教育等）起着很大作用。

可见，生产可能性边界是最简单的模型，也是经济学体系中最重要的模型。

权衡取舍和机会成本

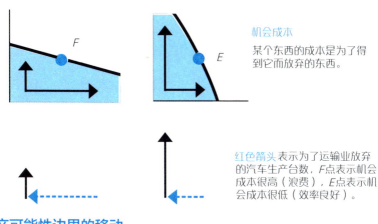

机会成本
某个东西的成本是为了得到它而放弃的东西。

红色箭头表示为了运输业放弃的汽车生产台数，F点表示机会成本很高（浪费），E点表示机会成本很低（效率良好）。

生产可能性边界的移动

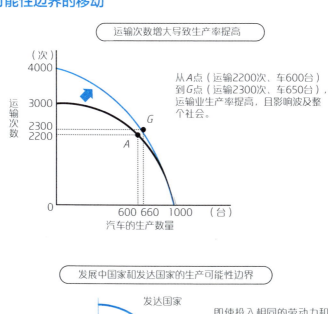

运输次数增大导致生产率提高

从A点（运输2200次、车600台）到G点（运输2300次、车650台），运输业生产率提高，且影响波及整个社会。

发展中国家和发达国家的生产可能性边界

即使投入相同的劳动力和劳动时间，发展中国家和发达国家所生产的商品或服务量都相差悬殊。

表示可选范围的预算曲线

预算曲线和无差异曲线 1

我们总是想着进一步提高消费量和质量,但支出受制于收入,预算曲线就是分析这一问题的。

经济学的十大原理之一是权衡取舍(非此即彼)。我们增加某种商品或服务的购买量,势必会减少其他商品的购买量。因为我们的收入限制在每月 20 万日元(举例)。

我们增加眼前的消费,就会减少将来的储蓄。消费者选择理论分析的是消费者如何做出决定、如何应对环境的变化。

请看第 37 页,与前面的图相比,下面的两幅图中预算曲线构成的三角形面积更大,三角形变大,说明实际收入增加,购买商品的选择项扩大。收入增加,商品价格下降,家庭消费的可能范围扩大,三角形的面积就加大。

预算曲线(也叫预算约束线)不仅可以表示预算,还可以表示各种各样的权衡取舍。比如,怎样使用限定的时间,或者怎样配置限定的员工,工厂的生产线用于生产哪种产品等。

各种权衡取舍图形化实例

	x 轴	y 轴
商品或服务	服装	食品
时间	学习时间	看电视时间
人员	A 企划	B 企划
金钱或空闲时间	兼职	空闲时间

微观经济学的效用理论

1万日元预算可能购买的范围

消费者是如何购买商品（物品和服务）的呢？首先，让我们来假设一种最简单的情景：
① 收入 1 万日元
② 服装单价 1000 日元
③ 食品单价 200 日元

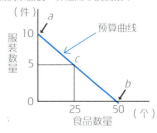

图中直线 ab 是 1 万日元的预算曲线，a 点表示衣服 10 件（×1000 日元），食品 0 个。同样 b 点表示衣服 0 件，食品 50 个（×200 日元）。这条直线是 1 万日元收入能买到的最大限度组合，直线以上是无法购买的（c 点表示衣服 5 件和食品 25 个）。

1. 收入增加的场合

收入从 1 万日元增加到 2 万日元。增加到 2 万日元时，选择项就会增加。衣服购买 20 件，剩下的全购买食品，可以买到 100 个。这样预算曲线由 ab 移动到 AB，三角形的面积增大。

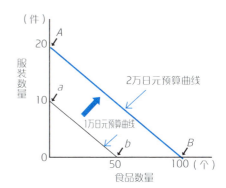

2. 商品价格下降的场合

商品价格下降时，比如单价 200 日元的食品降到 100 日元时，预算曲线由 ab 移动到 aB。这表示商品价格降低，购买的选择范围就会增加，三角形就会变大。

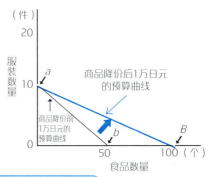

> 三角形变大相当于实际收入增加，商品购买的选择范围扩大。

洞察消费者喜好的无差异曲线

预算曲线和无差异曲线 2

消费者不仅根据预算,还根据对商品的喜好来选择。无差异曲线分析的就是消费者的喜好。

    消费者在消费可能的范围内(依旧以前一节的1万日元为例)选择购买哪种产品呢?答案因每个人的喜好而不同。

    这里依旧以服装和食品这一组合为例,男学生会说"衣服没有饮食重要",那么他可能会买很多食品。如果是喜欢时尚的女学生,她会想"控制伙食费,多买点衬衫"。每个人做出的选择是根据其喜好而不同的。这种喜好表示在图形上就是消费的无差异曲线。

    这种消费的无差异曲线是向原点凸出的曲线,且向右下方倾斜。(无差异曲线也有呈现L字形的。)

    食品和衣服哪个才是必要商品。消费的无差异曲线表示消费的满意度(效用)是一样的。因此,服装数量增加时,食品数量就减少,故而无差异曲线向右下方倾斜。

    消费的无差异曲线就是这样一根根无限倾斜的曲线集合,因此它是向原点凸出的凸型曲线。

    消费者满意度的不同表现在线段的斜率上,这种喜好和前面讲过的机会成本是同一种思维方法。想要购买大福饼就必须缩减相应的衣服开支。此外,消费者的满意度是逐渐变化的。

消费的无差异曲线

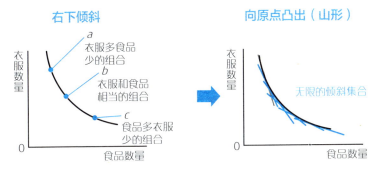

这条曲线是由两种商品或两组商品的不同数量的组合对某个消费者所提供的相同效用组成的。对于消费者来说，a 点、b 点和 c 点的满意度都是一样的。此外曲线上的其他组合也是可能出现的，这些组合所组成的线就叫消费的无差异曲线。

满足程度（效用）的改变

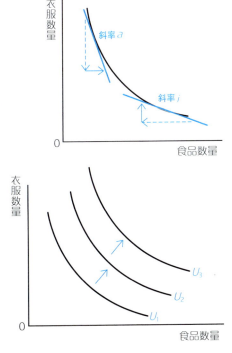

对于喜欢大福饼的人来说，最初的 1 个会带给他足够的满足感（假设从 0 开始，每一个饼都会增加满足感）。但是当吃到第 30 个时（从 29 个增加到 30 个），和最初的第 1 个相比满足感下降。满足感的不同通过线段的斜率 a、i 表现出来。斜率 a 表示"即使少买许多衣服也想要买 1 个饼"，斜率 i 表示吃到第 30 个大福饼时觉得足够了。

曲线越往右上满足程度越高

曲线离原点越远（从图形来说是越往右上），满足程度越高。因为这样能买到更多商品。U_2 比 U_1、U_3 比 U_2 满足程度更高。

预算曲线和无差异曲线的结合

预算曲线和无差异曲线 3

家庭（消费者）怎样选择对自己来说最好的消费方式？让我们将预算曲线和表示满足程度的无差异曲线结合起来看看。

消费的无差异曲线有着越往右上方满意度越高的性质，如第 41 页第一幅图所示 $U_1 < U_2 < U_3$。

A 点并没有用完全部预算，如果再增加购买量的话，会得到更高的满意度。相反，B 点超出了预算，实际上无法购买到商品。最适合的是预算曲线 ab 上的点。但是 C 点和 D 点的满意度实际上与 A 点相同。C 点表示减少食品数量、增加衣服数量，能获得更多的满意度。如此进行选择，图中的 E 点是满足程度最好的一点，也就是预算曲线 ab 和消费的无差异曲线 U_2 的交点，我们将这个交点 E 点称为"最佳消费点"。

如果收入增加 2 倍，那么第二幅图中，U_1 无差异曲线转换成 U_2 无差异曲线的话，C' 点就是最优消费点。家庭消费的食品和衣服更多，满足程度也更高。

接下来讲讲衣服和食品价格下降的情况。在第三幅图中，U_1 无差异曲线转换成 U_2 无差异曲线的话，C' 点就是最优消费点。这样我们就明白了家庭消费更多的食品，同时满足程度也会更高。

像这样，收入增加、商品价格下降，图中三角形面积也会变大，实际收入会增加，购买商品的选择范围会扩大。同时消费者的效用也会增大。这个三角形也就说明了"做大蛋糕＝提高效率"。

预算曲线和无差异曲线的相互关系

1. 收入1万日元的预算使用方法

由于家庭收入为1万日元，所以图中直线 ab 就是1万日元的预算曲线。服装单价为1000日元，食品单价为200日元，E点表示购买衣服5件×1000日元＝5000日元，食品25个×200日元＝5000日元，一共花费1万日元。C点、D点分别是侧重购买衣服和侧重购买食品的消费组合，A点表示消费在预算之下，B点表示超出预算。

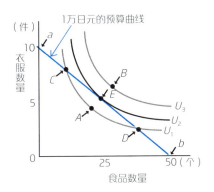

2. 假设收入增加到2倍

假如兼职收入1万日元，那么收入总额增加到2万日元。家庭（消费者）的预算曲线从 ab 移动为 AB。这说明收入增加意味着我们购买商品的数量范围扩大。

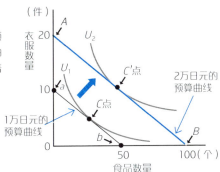

3. 假设衣服（食品）降价

假设衣服和食品的价格下降，比如食品由以前的200日元一个降到100日元一个，而1万日元的预算没有变化，那么购买食品的数量会增加，所以预算曲线由 ab 移动到 aB。这说明食品价格下降可以扩大消费者购买商品的选择范围。

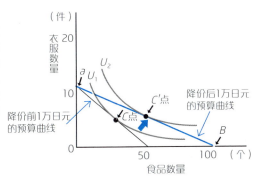

比较优势 1

比自给自足状况好的"专业化和交换"

比较优势理论和比较成本说都能用权衡取舍、稀缺性、机会成本、经济增长等原理来说明，可以说是经济学思维的出发点。

假设有两家农场，一家是新开的家庭经营的小规模农户，一家是机械化生产的大规模农场，它们每天工作 8 小时。虽然农户主要种植稻谷，但由于需要牛肉做小菜，所以也有肉牛育肥。

农场虽然主要生产牛肉，但作为主食的大米是必需的，所以也种植稻谷。农场主经验丰富，机械设备齐全，所以生产率很高。

第 43 页第一幅图对比了农户和农场生产的牛肉和大米数量。如果农户将一天的 8 小时全部用来种植水稻，可以生产 32kg，如果全部用来生产牛肉，那么可以获得 8kg。换句话说，劳动 8 小时就是在"生产大米 32kg ⇔ 生产 8kg 牛肉"之间选择。

这个图和十大原理之一的权衡取舍的道理是一样的。如果选择增加大米的生产，那么必须减少牛肉的产量。另外，约束线也显示了 1 天 8 小时的劳动时间这一时间上的限制。

通过划分劳动时间，农户可以选择图中线上的生产量的任意一个点，这就是该农户可以生产的边际产量，也就是生产可能性边界。农户从有限的几组组合中选择 4 小时生产大米、4 小时生产牛肉。

同理，农场也可以在生产 24kg 牛肉和生产大米 48kg 之间分配劳动时间。现在假设各分配 4 小时，且生产出 12kg 牛肉、24kg 大米。

小规模农户和大规模农场生产力对比

	生产 1kg 产品所需时间		8 小时的产量	
	牛肉	大米	牛肉	大米
小规模农户	60 分钟	15 分钟	8kg	32kg
大规模农场	20 分钟	10 分钟	24kg	48kg

不管生产什么都是大规模农场的生产效率高。

假设只生产 1 种产品

小规模农户

	生产时间	产量
只生产牛肉	8 小时	8kg
只生产大米	8 小时	32kg

大规模农场

	生产时间	产量
只生产牛肉	8 小时	24kg
只生产大米	8 小时	48kg

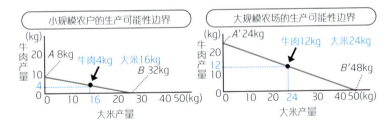

由于农户和农场都是自给自足，所以这个生产可能性边界同时也是消费可能性边界。生产量≥消费量，消费量不可能超过生产量。

农户和农场都自给自足经营了好些年，之后农户想到了一个点子，向农场提出了一个方案。

农户："你好，我想到了一个很好的办法。你们可以减少大米生产，增加牛肉生产，这样你们可以把多余的牛肉卖给我，而我就卖大米给你们。这样你们能多吃 1kg 牛肉，还能吃到 27kg 大米，还能每天吃更多的牛肉盖饭。"

农场："什么？比现在吃得更多是什么意思？我们 8 小时的工作时间是不变的，这样我们还能吃到更多。你这么说但我还是难以相信。这也太划算了吧。另外我们家要吃 24kg 大米呢。也许这么说有点失礼，但我们很难想象你这样的小农户和我们这样的大农场做交易。即使我们卖给你牛肉，我们也很难买到 24kg 大米吧。"

农户："不是的。你们只要停止 2 小时的大米生产，将牛肉生产增加到 6 小时，就能生产出 18kg 牛肉。其中 5kg 给我们，我们给你 15kg 大米。这样的话，你们能比今天多吃到 1kg 牛肉，而且还能吃到 27kg 大米，所以你们能吃到比现在更多的牛肉盖饭。拜托了，你们明天试验一天怎么样？"

农场："明白了，那我们就试一天。"

第二天。

农场："真的呢，吃牛肉盖饭的量增加了。"

农户："是吧？那今后每天都这样做吧？"

农场："当然好啊。可是，为什么量会增加，我们双方都捡便宜呢？"

农户："因为我们各自做自己擅长的事啊。你们增加自己熟练的牛肉生产，减少大米生产，而我们一门心思开展自己熟练的大米生产，停止牛肉生产。之后再进行交换，这样即使不增加劳动时间也能增加产量。"

农场："真是不可思议。这不是消费量多于生产量了吗？"

农户："是这样的。这叫作比较优势。"

比起自给自足，专门生产一种产品进行交换对交换双方都有利，这就是比较优势理论或比较成本说。这可能令人难以置信，但是交换双方的消费状况肯定会更好。无差异曲线也比之前更往右上方移动了。

		自给自足	专业生产		交换	交换后	利益
农户	牛肉	4	0		5	5	+1
	大米	16	32	17 15		17	+1
农场	牛肉	12	18	13 5		13	+1
	大米	24	12		15 +12	27	+3

上表中，自给自足的状况下农户生产量为牛肉 4kg 和大米 16kg，农场为牛肉 12kg 和大米 24kg。各自重点生产自己擅长的产品时，农户能够生产 32kg 大米，农场能够生产 18kg 牛肉和 12kg 大米，其中农户卖 15kg 大米给农场，农场卖 5kg 牛肉给农户，这样交换后利益就增加了。

假设各自专业化生产、交换

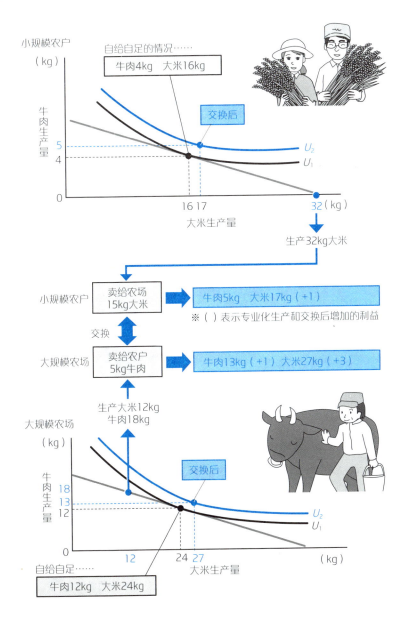

比较优势 2 | 容易混淆的绝对优势和比较优势

克鲁格曼说过,不论是学生、学者,还是政治家,都有犯错的时候。绝对优势和比较优势就是一组容易混淆的概念。

比较个人、企业和国家的生产率时会用到绝对优势这个词语。生产某种商品或服务时,投入相同的资源能够生产出更多的产品就叫绝对优势,也可以说是效率高的个体、公司、国家。一般来说,大人效率比小孩高,老手比新手效率高,大企业比中小企业效率高。同样,发达国家比发展中国家效率高,也就是说发达国家生产率高,属于绝对优势国家,发展中国家生产率低,属于绝对劣势国家。发达国家基础设施完备、法律制度完善,因此生产率高,收入就高。发达国家收入高,发展中国家收入低。

农场通过推行机械化,牛肉和大米生产占据绝对优势,无论生产什么都比农户节省时间。

农户和农场的生产可能性边界图跟发达国家和发展中国家的是一样的。"全球化使发展中国家的廉价工业产品流入发达国家,发达国家的产品价格、薪资则被发展中国家拉低""发达国家的熟练工人的就业岗位被发展中国家抢走",诸如此类的论调屡见不鲜。但是,发展中国家可能赶上发达国家,却不可能出现相反的情况。发达国家的生产率(即收入水平)并不会降低到发展中国家的水平。除非发达国家的人年复一年地怠工,无所作为。发达国家经济增长的关键在于生产率。

比较优势说明的是某个人、公司、国家生产率的差别。每个人都有擅长和不擅长的东西,国家也一样。

小规模农户和大规模农场的生产率

	生产 1kg 产品所需时间		8 小时的生产量	
	牛肉	大米	牛肉	大米
小规模农户	60 分钟	15 分钟	8kg	32kg
大规模农场	20 分钟	10 分钟	24kg	48kg

不论生产什么都是大规模农场的生产率高。

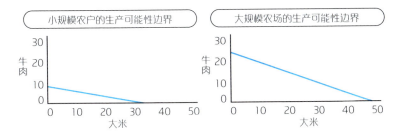

发展中国家和发达国家的生产可能性边界

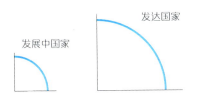

上面的小规模农户和大规模农场的生产可能性边界图，实际上与这里的发展中国家和发达国家的是一样的。

各国生产率的推移

发展中国家提高生产力的同时，发达国家的生产力也得以提高，因此发达国家的薪资不可能降低到发展中国家水平。

比较优势 3 — 从阶段价值考虑比较优势和机会成本

机会成本即某个物品的价值就是为了得到它所必须放弃的东西（金钱或时间），比较优势也体现了机会成本理论。

农户和农场每天工作 8 小时，生产牛肉时，就减少生产大米的时间。为了得到牛肉或大米，必须减少另一个的生产。

农场为了获得 1kg 牛肉，必须缩减 2kg 大米的生产，所以 1kg 牛肉的机会成本是 2kg 大米。同样地，农户生产 1kg 牛肉的机会成本是 4kg 大米，为了得到 1kg 牛肉必须缩减的大米生产就是机会成本。权衡取舍必然伴随着机会成本。

反过来，对于农户来说，1kg 牛肉的成本可以生产 4kg 大米，而农场生产 1kg 牛肉的成本可以生产 2kg 大米，如此看来，农户在大米生产上占据比较优势。

如第 49 页图所示，生产可能性边界图中的三角形两条直角边并不等长说明了一方可以占据绝对优势（三角形的面积代表生产率，面积越大，生产率越高），但不可能双方的产品都占据比较优势。国家也是如此。发达国家不可能在两种产品上都占据比较优势。两个国家两种产品这样一个极小的模型中三角形的斜率都是不同的，更别说世界上 200 多个国家和地区生产的数亿种商品或服务了，所以三角形的斜率不可能是一样的。

换言之，不论是发达国家还是发展中国家，都有本国所擅长和不擅长的领域，如此一来，交换的利润不仅存在于绝对劣势（发展中国家）和绝对优势（发达国家）之间，还存在于国家、地区和人之间。

机会成本和生产率

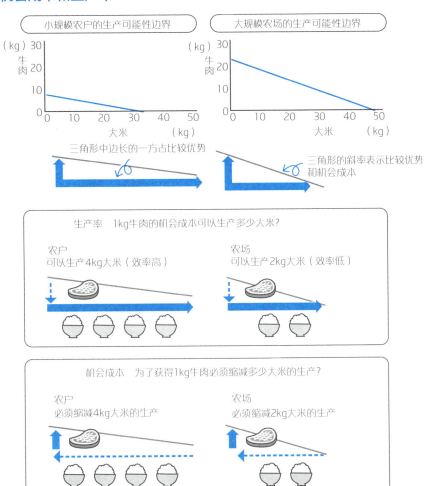

比较优势和交换利润

比较优势 4

亚当·斯密说:"人是讨价还价的动物,但狗不会这样,狗是不会用自己吃的骨头去做交易的。"(《国富论》)

专业化和交换带来的利润不是基于绝对优势,而是以比较优势为基础。如果每个个体(每个企业、每个国家)都将自己占有比较优势的商品或服务进行专业化生产,那么社会整体的蛋糕就会扩大,所有人的生活水平都会提高,而且在成本方面也会获得好处。

农户用 15kg 大米交换 5kg 牛肉(相当于 3kg 大米交换 1kg 牛肉),而前一节中提到农户 1kg 牛肉的机会成本是 4kg 大米,所以以这样的条件进行交换其实是获利了。

对于农场来说同样如此。农场用 5kg 牛肉换 15kg 大米(相当于 1kg 牛肉换 3kg 大米),而自产自销时 2kg 大米的机会成本是 1kg 牛肉,显然,从农户那里换大米比自己生产实惠多了。

交易价格和利润分配只存在于两者的机会成本之间。

农户和农场以 1kg 牛肉换 3kg 大米的价格交换,这个价格存在于农户以 1kg 牛肉换 4kg 大米的机会成本和农场用 1kg 牛肉换 2kg 大米的机会成本之间。交易必须在 2kg 和 4kg 大米之间,超出这个范围则不成立。

如果 1kg 牛肉只能换到 2kg 以下的大米,那么农场就不会卖给农户,因为自己生产大米更划算。如果 1kg 牛肉需要 4kg 以上的大米来换,那么农户也不会把大米卖出去。也就是说,如果交易价格不在两者的机会成本之间,那么交易不可能成立,也不可能获利。

专业化生产和交换的利润

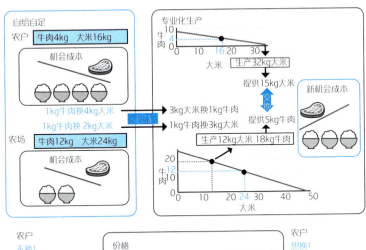

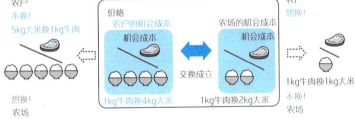

认为贸易是国与国之间非胜即败的战争,这是一种妄想,是错误的、危险的,是滥用、误用。

克鲁格曼
(美国,1953—)

虽然比较优势作为经济原则是无可否认的事实,但即使是聪慧的人也不可能完全理解,我认为它是难以理解的最典型例子。

萨缪尔森
(美国,1915—2009)

比较优势 5 — 生产可能性边界的形式

> 克鲁格曼说应该告诉学生"贸易不是竞争,而是给双方带来利益的交换,贸易的目的不是出口,而是进口"。

最开始讲述的生产可能性边界是曲线的,而这里我们要讲的是直线了。曲线状况下两种商品的生产率是不同的,也就是说这个国家的劳动力中有生产汽车的行家(没有运输业的经验),有精通运输业的行家(没有汽车制造经验),擅长的不擅长的都有,考虑到这些人的生产率,将所有劳动力计算在内,这样得出的生产可能性边界是一条曲线。因为每个人的斜率(生产率和机会成本)是不同的,所以它们的集合也是一条曲线。

这次的例子中,农户和农场生产大米和牛肉的生产率是一样的,所以是固定的,因此生产可能性边界是一条直线。

机会成本一定时,就可以采用只生产汽车这种"完全专业化生产"模式。但是,现实社会中有形形色色的生产者,所以生产可能性边界不可能是直线的,每个人的机会成本不同,所以不可能完全专业化生产。

接下来和大家一起分析生产可能性边界是曲线的情形,也就是探讨国与国之间的贸易利益关系。第53页图中,如果和海外没有贸易往来,那么对于A国的消费者来说,能够获得最高效率的生产组合位于生产可能性边界曲线的上方。而如果和海外有贸易往来,那么 a 点表示通过部分专业化生产和进出口能够得到最优消费。这种差别是由贸易带来的利润。B国同样可以产生利润。

由此,贸易(交换)增加了各方面的消费量和效用,从最小单位的个人到国家之间均是如此。

生产可能性边界

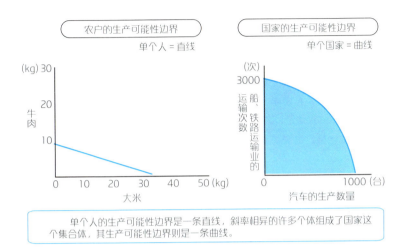

单个人的生产可能性边界是一条直线,斜率相异的许多个体组成了国家这个集合体,其生产可能性边界则是一条曲线。

国家间的贸易利益

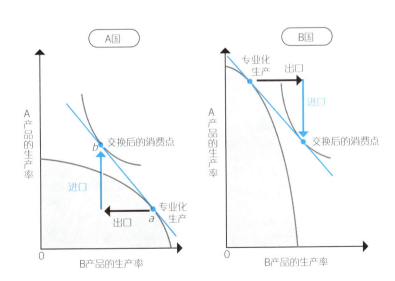

专栏2

李嘉图的比较优势理论

比较优势理论是大卫·李嘉图提出的，该理论可以说是经济学上最大的发现。在此之前，曾有一种所谓的荒谬论，这种理论围绕贸易展开，认为国家和企业一样，也相互竞争。

李嘉图（英国，1772—1823）

李嘉图的比较优势理论

※ 为了简化说明将数字简单化了，括号内为原始数据。

自给自足时两国的生产率

	生产1L啤酒所需的劳动力	生产1m毛织品所需的劳动力	啤酒产量	毛织品产量	
葡萄牙	1人（80人）	2人（90人）	1L	1m	
英国	5人（120人）	4人（100人）	1L	1m	
			2L	2m	总量

对擅长领域进行专业化生产并交换的情况

	葡萄牙		英国		
	所需劳动者	产量		所需劳动者	产量
专产葡萄酒	3人	3L	专产葡萄酒	9人	1.8L
专产毛织物	3人	1.5m	专产毛织物	9人	2.25m

自给自足时的生产（消费）量①②和交换（贸易）后的生产（消费）量③④

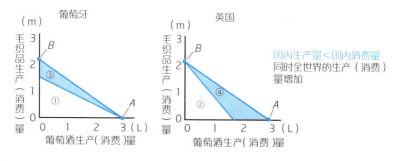

国内生产量＜国内消费量
同时全世界的生产（消费）量增加

第三章

传统经济学：
供需曲线的世界

市场机制

供需曲线的基础 1

> 亚当·斯密的"看不见的手"是指有效利用资源（斯密以劳动力、时间、资本为例）为社会整体带来利润的"手"。

第二章从两种产品两个主体进行了说明。世界上有 70 亿人和数不胜数的商品及服务，通过协商来分配这些资源显然是不可能的。

目前调整资源配置的最佳方法是由供给和需求构成的市场机制。通过下面的例子，我们能理解供需量由价格这一信号决定。从事飞机或车辆生产的人，原材料，以及提供资源、服务的数量庞大的劳动者、时间等，都被合理配置。

虽然这是各行各业为 70 亿零零散散的人做出的决定，但没有丝毫混乱。这种正确决定的关键在哪里呢？答案便是"价格"。市场机制的目的就是合理配置有限的资源，手段便是价格。

在完全竞争市场中，价格在市场中起决定性作用，生产者和消费者均没有价格决定权，他们只是价格接受者（反之消费者和生产者决定价格则叫价格提供者）。这种市场必须以如下事项为前提：

（1）出售的商品或服务均相同。

（2）卖方和买方数量很多，且属于价格接受者。

（3）买卖自由，任何时候任何市场参与者均能退出。

（4）消费者和生产者均对商品信息知情。

根据完全竞争市场的这些特点，外汇市场，果蔬市场，小麦粉、玉米粉、煤炭等材料市场都属于完全竞争市场。

价格合理分配商品或服务

> 市场经济下,价格上下波动导致形成了热销商品的生产适当增加、冷门商品的生产适当减少这样一种机制。就像交通信号灯颜色的变化调节人流车流一样,价格信号通过上涨下跌调节劳动力、土地、信息、资金等生产资源的流动,即使没有政府的干预,生产资源也能向各自有用的方向流动。
>
> (摘自日本中学生教科书《新社会——公民》,东京书籍)

价格和必要性引导交通方式的选择

大阪与仙台之间通行,选择怎样的交通方式?

飞机	新干线列车	长途巴士

费用 3.7万日元	费用 2.262万日元	费用 7600日元
乘坐时间 1小时15分钟	乘坐时间 4小时20分钟	乘坐时间 12小时20分钟
适合不必考虑费用优先考虑时间的人	适合时间和费用都考虑的人	适合不考虑时间只考虑费用的人

完全竞争市场的供需曲线和均衡

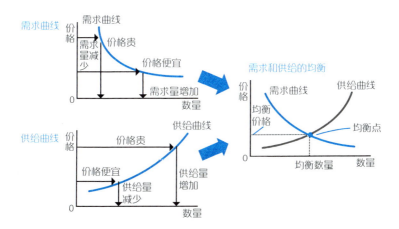

供需曲线的基础 2 | 需求曲线

需求曲线可以描述为价格下降、数量增加,价格上涨、数量减少的向右下方倾斜的曲线。它是一条直观且易于理解的曲线。

大家商会增税后 TANOMAIL 保持良好态势,强化商品或服务

大家商会开设的办公用品电商服务网站 TANOMAIL 自服务开始以来连续 15 年保持增收。2014 年第一季度消费税增税前消费需求急剧膨胀,TANOMAIL 创下 349.46 亿日元的销售额,比上一年同期增长 12.5%。同年 4 月,该网站对人气商品实行降价销售,并制定最新的商品目录将价格统一表示出来。以人气商品为中心,两种产品目录共降价 2400 点以上,其中大型电商对复印用纸提供了最实惠价格。

最后膨胀性需求反作用极少,4 月以后公司销售额没有明显回落,态势甚好。

(摘自《BCN 周刊》,2014-06-16,第 1534 期)

2014 年 4 月,日本国内消费税税率由 5% 提高到 8%,消费者争分夺秒地抢在增税前低价购物,于是出现了爆发性的需求。由于消费者对价格十分敏感,许多公司在增税后通过保持原价甚至降价来吸引消费者,可以说不惜一切代价吸引消费者。价格下调后销售量呈现增长趋势。

这里我们将这种趋势用图形表示出来,并结合前面讲过的预算曲线和无差异曲线来分析。第 59 页图中,预算曲线定为 1 万日元,服装单价为 1000 日元,食品单价为 200 日元。当食品价格由 200 日元降到 100 日元时,无差异曲线 U_1 便转换成无差异曲线 U_2,C' 点成为最佳消费点。这样家庭在消费更多服装的同时,满意度也有所提高。

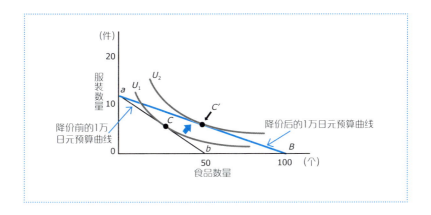

食品价格变化后，消费者效用最大化的最佳消费点（上图中的 C 点和 C' 点，即预算曲线和无差异曲线的交点）也随之变化。C 点食品 25 个 ×200 日元＝5000 日元，但由于食品价格下调，转换成 C' 点食品 50 个 ×100 日元＝5000 日元，这时候的 C 点和 C' 点如下面左图所示。

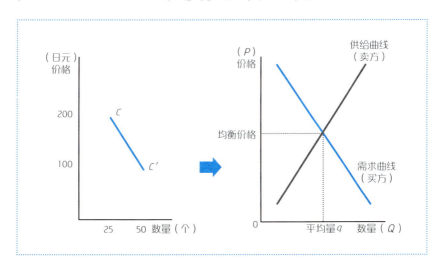

这是买方的需求曲线。图形显示食品价格下降后，买方的食品需求量随之增加。

供需曲线的基础 3 供给曲线

供给曲线是在供给者没有价格决定权,而且追求利润的前提下,与需求曲线相反的向右上方倾斜的曲线。

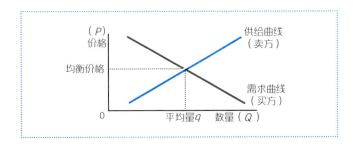

上图的供给曲线显示价格上涨供应量增加。理解这条供给曲线有两个要点。其一,以完全竞争市场中的价格接受者为前提。价格接受者是指站在接受价格的立场不具备价格决定权的企业等。单个的卖方有无数个,市场价格决定卖方的销售量。

其二,企业为了提高利润会采取一些措施。当然,销售额也很重要,但是如果销售额大却没有利润,那就成了"白忙活"。换言之,利润最大化才是目的,企业会尽可能提高利润。

我们就从上面讲的价格接受者和提高利润两点来引出供给曲线。

接下来我们以大福饼工厂为例进行分析。

首先来看表示收入的线。假设企业以一定的价格销售商品。如果大福饼的价格是 100 日元 1 个，那么 100 日元 × 个数（价格 × 数量）就是总收入。销售额越大总收入越多，所以收入线会向右上方倾斜。

下图中 a 点表示销售额是 100 日元 × 1 万个 ＝ 100 万日元，a' 点表示 100 日元 × 2 万个 ＝ 200 万日元的销售额。

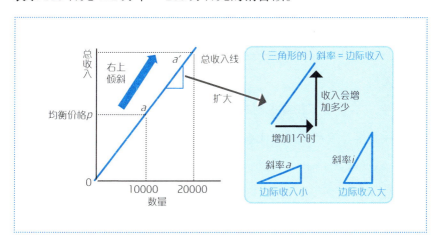

这个三角形的斜率叫边际收入（请参见第一章），表示追加最后 1 个单位后，收入会增加多少。斜率 i 比斜率 a 的边际收入高。在完全竞争市场下，收入是价格和数量的乘积，所以三角形的斜率＝边际收入就相当于价格，即边际收入＝价格。

其次是成本。成本分为固定成本和可变成本。固定成本包括工厂建设费、土地费、装卸设备费等。假设这些加起来一共 1000 万日元。

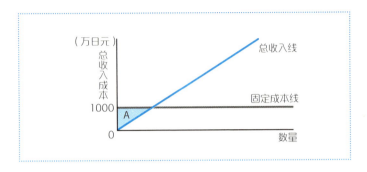

不管销售额包不包括在内（大福饼要不要生产），1000万日元是不变的。因此固定成本线是水平的。

上图中三角形的部分 A 表示收入少于投入的固定成本，完完全全是入不敷出。

可变成本包括米粉等原材料的成本、从业人员的工资、电费、煤气费、税费等，生产得越多成本越大。这些体现在第 63 页图中。

第 63 页上图中 B ~ D 的部分可以用边际成本递增和边际成本递减的法则来说明。可以设想只有 1 台皮带传送机的大福饼工厂或者小小的点心店。生产开始之初，工人和机械的正常运作都需要一定时间来适应（B 部分），在调整机械找到最适合的速度的过程中会浪费一些原材料，工人也有出错的可能。这样每增加 1 个产量的生产，都会增加成本。因此 B 部分的斜率 a 要大，表示边际成本大。

C 部分表示效率提高。机械运转正常，熟练的工人们生产率也提高了，再加上增加了兼职工人，所以产量也提上来了，我们将这种局面称为边际成本递减。即便加上追加的成本，相应的收入也是不断增加的。斜率 i 表示增加 1 个单位产量的成本非常小，边际成本很便宜。

但是并不是劳动投入量增加之后产量就随之增加。随着工人的增加，生产线开始拥挤，每台皮带传送机、每个店铺的工作效率降低，这就叫边际成本递增。D部分的斜率u与C部分的斜率i相比，追加1个单位产量的成本提高（反过来说就是人均追加劳动力的生产率降低）。

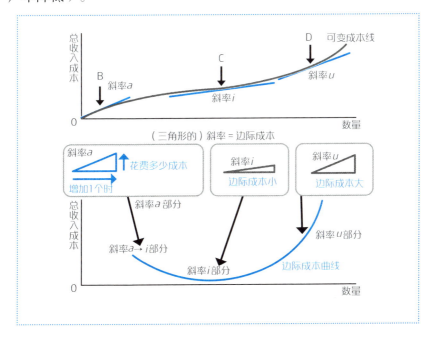

边际成本曲线就是这样一条U字形曲线。

接下来我们将固定成本和可变成本图重合起来考虑。

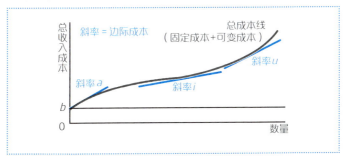

总成本是固定成本加上可变成本。如下图所示，加上 1000 万日元固定成本，可变成本就是从 b 点开始。然后加上总收入线。

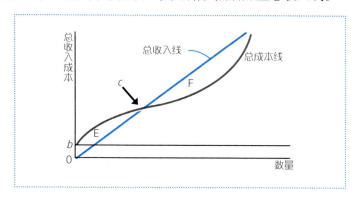

利润即收入减去成本。上图中 E 部分表示花费的成本大于大福饼卖出的收入，是赤字。c 点之后的 F 部分代表利润。

只是，产量不能一味增加下去。因为随着成本的不断投入，边际成本会增加。当产量到达一定数量后，随着产量的增加，F 部分会越来越少。

那么 F 部分中利润最大的是哪个点呢？答案是收入减去成本所得的最大部分，也就是下图 G 所表示的双箭头部分。

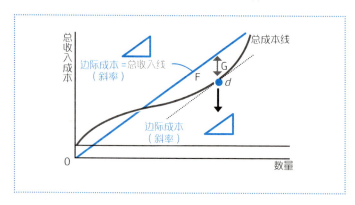

对于大福饼工厂来说，G 这个双箭头部分最大。如果再增加或减少 1 个单位的产量，利润都会减少，所以这里是个临界点。企业就是根据这个最大利润点来决定大福饼的生产量的。在这个点上，总成本线上的 d 点的斜率（边际成本）和总收入线的斜率（边际收入）是一样的。之后再增加 1 个单位的产量，相对于收入，成本增加得较多（斜率加大），利润反而会减少。也就是说，利润最大的点是边际成本和边际收入一致的点。更进一步说，完全竞争市场下，边际收入＝价格，所以边际收入＝价格＝边际成本就是最大利润点。

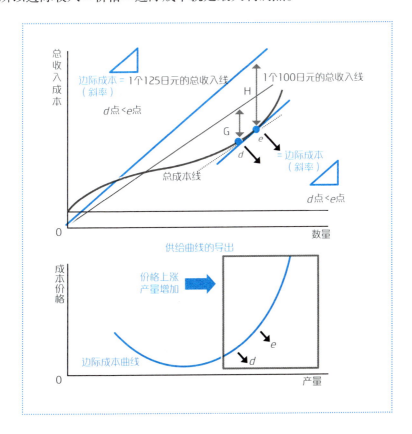

我们不妨思考一下这个企业什么时候可以增加产量。答案是大福饼的市场价格上涨时。假设一个大福饼的价格从 100 日元上涨到 125 日元，那么总收入线（价格 × 数量）就会转换成第 65 页图形所示的样子。同时 d 点部分增加 1 个单位产量，利润也会进一步增加。对企业来说，增加产量就能扩大利润时，增产是正确的选择。

价格上升后最大利润是 G 部分。价格上升，总收入的斜率（边际收入）会加大。如此一来，最大利润点和总收入的斜率（边际收入）相同，也就是 e 点（边际收入＝边际成本），最大利润就是 H 部分。e 点之后如果再增加 1 个单位产量，边际成本就会加大，继续增产的话反而会亏损。边际成本 d 点的斜率 $<e$ 点的斜率。

由于价格上涨，生产量由 d 点增加到 e 点，利润也随之增加。企业为了追求利润最大化，会在价格上涨时增加供应量，这就是供给曲线。供给曲线中价格上涨供应量增加就是这种机制导致的。

这就是卖方（企业）的供给曲线。表示大福饼价格上涨，卖方（企业）增加大福饼的供应量。由于价格和供应量的正相关关系，所以供给曲线向右上方倾斜。边际成本曲线＝供给曲线。

供给曲线向右上方倾斜是因为边际成本递增。由于边际收入＝价格＝边际成本＝最大利润点，所以价格由边际成本决定，也就是最后追加的 1 个单位成本决定。

供给曲线展示了价格接受者没有价格决定权这一情况。市场给予的价格下降，企业利润减少，有时不得不做出退出市场的艰难决定。

边际收入＝价格＝边际成本＝最大利润点

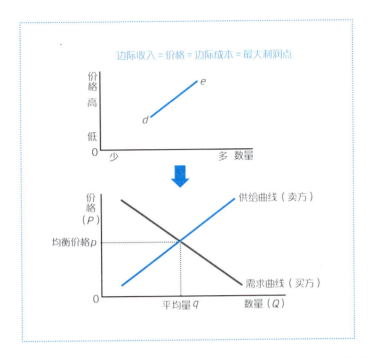

以下是 2014 年以来原油价格下跌给没有价格决定权的企业所带来的影响。

美国页岩油公司 WBH Energy 宣告破产

由于世界性的原油价格下跌，位于美国南部得克萨斯州以页岩油、页岩气开发为主的 WBH Energy 公司收支不抵，宣布破产，预计今后将有很多相关企业破产。

WBH Energy 负债额约 60 亿日元。页岩气的开发源于原油价格上涨，大量生产成本聚集。而以现在的价格来看，收支出现负增长，公司的后续开发以及资金链都难以为继，因此宣告破产也是逼不得已。

（摘自《JC-NET》，2015-01-09）

※ 从长期和更长时期来说，固定成本可以当成可变成本来考虑。以 10～30 年为时间单位计算的话，工厂建设、机械与店铺的购买和出售都可以看成可变成本。但是如果要导出长期的供给曲线，这些必须另加分析。

供需曲线的导出1

需求曲线的移动

市场的需求曲线综合了所有个人的需求曲线。需求曲线通常不是固定的，受收入的增加、流行等各种因素的影响而变动。

本章第二节介绍的需求曲线就是某些特定个人的。比如，我们以大福饼的需求来考虑。对于那些节食的人群来说，他们不太吃大福饼，所以即使价格降低也不会增加购买量。但是对于喜欢甜食的人来说，大福饼降价，就会购买很多。因此市场的需求（市场需求量）必须综合考虑这些个人需求。

市场需求量 = 买方需求量的总和

大福饼价格（日元）	A的需求量（个）	B的需求量（个）	市场需求量（个）
0	12	7	19
50	10	6	16
100	8	5	13
150	6	4	10
200	4	3	7
250	2	2	4
300	0	1	1

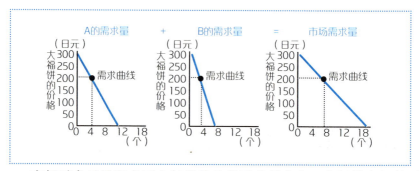

市场需求量是所有买方每种价格的需求量之和。大福饼市场的需

求曲线是以个人的需求曲线综合而来的。当大福饼价格为 200 日元每个时，A 需要 4 个、B 需要 3 个，所以价格为 200 日元时大福饼的生产需求量为 7 个。

需求曲线可以移动。比如，以前电视里报道说纳豆对减肥很有效果，于是纳豆需求急剧上升，店铺里纳豆售罄的情况时有发生。再比如，国外鸡肉产地禽流感暴发这一消息证实后，进口鸡肉的需求急剧减少。

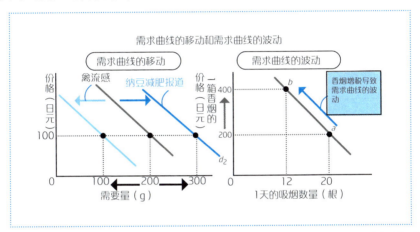

假如调查结果显示吸烟导致肺癌的概率不会上升，那么香烟的需求曲线会和禽流感时的进口鸡肉需求曲线一样向左移动。吸烟税率上升时（价格上升），需求曲线本身不变，但需求曲线上的点会向高价格、少需求的方向移动（a 点 → b 点）。

变化	需求曲线的移动	需求曲线上的波动
商品或服务的价格		○
个人收入	○	
个人兴趣、爱好	○	
未来预期	○	
买方数量	○	

供给曲线的移动

供需曲线的导出2

市场整体的需求曲线是所有买方需求量的总和，与此相同，市场的供应量也是所有卖方供应量的总和。

企业的大福饼供应量根据多种要素而变动，其中最关键的是价格。其他要素不变，价格上升，利润会加大，供给量就会增加。价格下降的话，店铺关张都是有可能的。这就是供给法则。

市场供应量＝卖方供应量的总和

大福饼的价格（日元）	C公司的供应量（个）	D公司的供应量（个）	市场供应量（个）
0	0	0	0
50	0	0	0
100	1	0	1
150	2	2	4
200	3	4	7
250	4	6	10
300	5	8	13

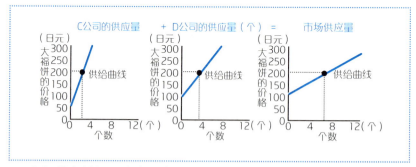

市场供应量是所有卖方每种价格的供应量之和。大福饼市场的供给曲线是以各个企业（上述例子中的C公司和D公司）的供给曲线综合而来的。当大福饼价格为200日元每个时，C公司的供应量为3个，D公

司的供应量为 4 个,那么价格为 200 日元时大福饼的市场供应量为 7 个。

供给曲线也是可以移动的。当引入机械等技术革新使生产成本减少,原材料的价格和劳动薪资下降时,即使价格不变利润也会增加,供应量就会增加。相反,如果原材料价格上涨,那么供应量会减少。

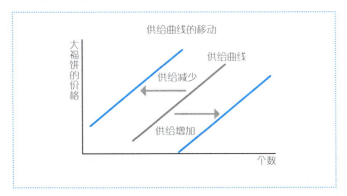

对未来的预期也会影响供应量的变化。如果某种原因导致生产者认为将来大福饼的价格会上涨,那么生产者会保存一部分产品,以增加将来的供应量、减少现在市场的供应量。当然,如果卖方本身的数量减少,那么市场整体的供应量也会减少。

变化	供给曲线的移动	供给曲线上的波动
商品或服务的价格		○
投入价格（原材料费用等）	○	
技术革新	○	
未来预期	○	
卖方数量	○	

供给曲线的移动出现在图形中横轴、纵轴以外的其他因素变化时。价格的变化体现在纵轴上,所以当价格变化时供给曲线的变化体现在曲线上点的移动。投入资产的价格与技术革新、预期、卖方数量都不在图形的坐标轴上,所以这些因素变化时,供给曲线本身才会移动。

边际革命引发的新视点

供需曲线的导出 3

19世纪后半期，流行着这样一种思想——商品的价值随着人类的主观价值改变。这就为供需曲线的导出增加了新视点。

亚当·斯密、李嘉图等古典派认为一切商品的价值都是由人的劳动创造的（劳动价值理论）。

另一方面，19世纪70年代，杰文斯（英国）、门格尔（奥地利）、瓦尔拉斯（法国）三人在同一时期奇迹般地发现了边际成本递减法则。

工作或运动之后喝啤酒或运动饮料时，第一杯的效用（满足程度）非常高，但到了第二杯、第三杯……，虽然还是同样的饮料（质量相同），但效用要低很多。最后会变得不再需要（效用为零＝不用钱交换饮料）。随着边界的临近，效用在递减。

他们认为商品的价值就是这样随着主观价值（每个人对事物的看法、想法）的改变而不同。

1. 杰文斯"边际效用递减"

效用可以从最后增加或减少的商品中得到。

2. 门格尔"稀缺性"

需求＜供给＝非经济商品（例如空气）

需求＞供给＝经济商品←经济学的对象

3. 瓦尔拉斯"一般均衡"

人多商品多，数不清的交易者交易着数不清的商品时仍能保持均衡。交易使所有人的效用最大化，并且能够达到供需一致。供需一致这个点是所交易的商品的边际效用一致的点。

边际效用

啤酒、饮料	第一杯	第二杯	……	最后（边界）
效用（满足程度）	最高	高	→递减→	0
价值	500日元	400日元	……	0日元

↑均衡点
需求和供给一致的边界点（边际效用一致点）

边际效用理论和劳动价值理论

边际效用理论

杰文斯→边际效用/→门格尔→稀缺性
边际效用或稀缺性决定交换价值

消费（需求）方的主观价值

- 最后（边界）一杯水几乎没有效用
- 钻石即使是最后一颗也有效用
- 水的稀缺性低，钻石的稀缺性高

水和钻石的悖论

水的使用价值大，但交换价值小
钻石的使用价值小，但交换价值大

为什么钻石价格比水贵？

- 水可以在附近的河里得到（投入劳动少）
- 钻石要到遥远的矿山才能采到（投入劳动多）

劳动价值理论

亚当·斯密/李嘉图
薪资+利润+地价共同决定交换价值

生产（供给）方的客观价值

供需曲线的导出 4 | 马歇尔供需曲线

马歇尔是剑桥大学第一批经济学教授，指导过凯恩斯、庇古。他创立了微观经济学体系。

现在被我们称作经济学（economics）的这个词是马歇尔发明的。在此之前它都叫政治经济学（political economy）。此外，现在的初中教科书里也引入了需求曲线和供给曲线图。

对于劳动价值理论和边际效用理论的争论，马歇尔证明了只要加上时间长度就能通过需求曲线和供给曲线来说明，由此统一了这两种思维方法。

1. 边际效用理论成立的场合

假设一个非常短的时间（以早晨鱼市场为例）。在这种情况下，商品的供应量可以说是一定的，所以供给曲线是垂直的。这样商品的价格由需求（消费）方的主观价值决定。

2. 劳动价值理论成立的场合

假设一个比较长的时间段。生产者能够通过增加或减少材料以及人力的投入自由支配商品的生产量（以工厂的大量生产为例）。在这种情况下，供给曲线可以认为是水平的，商品的价格由供给（生产）方的客观价值决定。

由此，马歇尔在需求曲线和供给曲线上表达了需求和生产成本的影响不断加大这一观点。

需求曲线和供给曲线

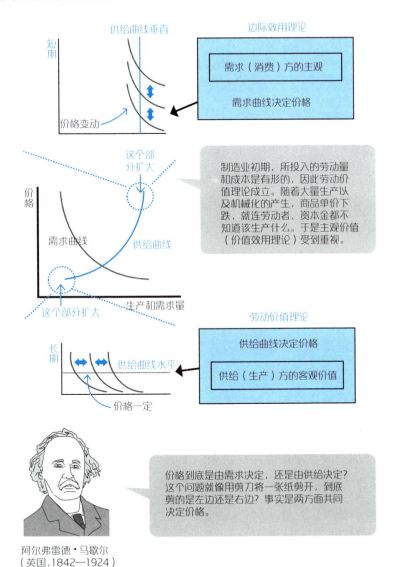

微观经济学的供需曲线

供需曲线的导出 5

从边际效用导出需求曲线、从边际成本导出供给曲线，这样才能找到资源配置最有效的均衡点。

1. 需求曲线

需求曲线向右下方倾斜，它可以由边际效用导出。以大福饼为例，第一个大福饼无论花多少钱都觉得值，那么第二个呢？随着量的增加，边际效用慢慢减少。像这样某种商品在世界上的整体评价可以表现为某条线，这就是需求曲线。

2. 供给曲线

供给曲线向右上方倾斜，它也可以从边际成本来考虑。当生产大福饼的员工增加2人、3人甚至更多时，生产量增加。但是并非员工增加越多产量越高。当增加到10人、11人甚至更多时，店铺面积较小，这样人均生产量反而减少了。即使增加成本，生产量也难以加大（递减）。可以说越接近边际成本临界点，人均生产成本就越大。将世界上的日式点心店全部集中起来，就能得到供给曲线。

下面中间图中供需曲线价格以上的①部分叫消费者剩余（效用－价格）、②部分叫生产者剩余（价格－成本），均衡点的社会整体剩余＝利润最大，经济这块蛋糕达到最大。完全竞争市场下的均衡点表示在买方和卖方基础上，效用实现了最大化的状态。同时，这个点也表示有限的资源没被浪费，得到了最好的利用。市场带来的是最大的效率，也就是最大的"蛋糕"。

需求曲线和供给曲线

（1）需求曲线

大福饼消费	第一个	第二个	第三个	……	最后（边界）
效用（满足程度）	最高	高	逐渐减少	→递减→	0
价值（价格）	500日元	450日元	400日元	……	0日元

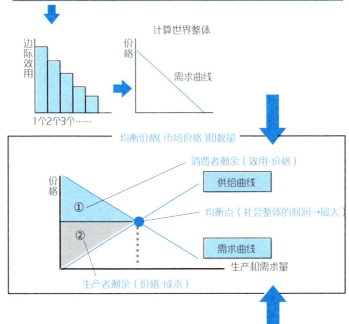

（2）供给曲线

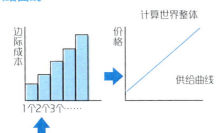

大福饼生产	第一个	第二个	第三个	……	最后（边界）
单个利润	最高	高	逐渐减少	……	0
单个成本	200日元	250日元	300日元	→递增→	和定价相同

供需曲线的弹性 1：价格改变需求与不改变需求

需求曲线、供给曲线的斜率各种各样，斜率表示价格降低（上升）时需求量的变化程度。

弹性是指对价格变化做出的反应程度。

在日本总务省实施的《家计调查》中，计算了个别商品或服务的支出弹性。支出弹性是显示消费支出变化1%时各种商品或服务变化的百分比的指标。这个指标分为两类：1.00以下的支出项目是必需品，1.00以上的支出项目是奢侈品。

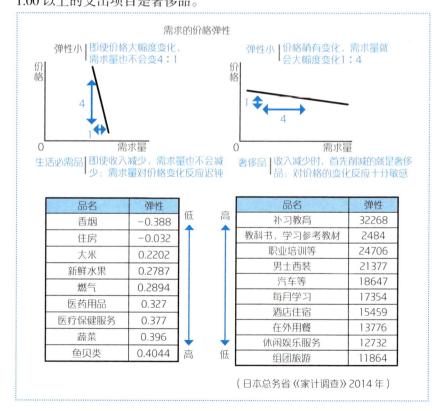

需求的价格弹性

弹性小：即使价格大幅度变化，需求量也不会变 4:1
生活必需品：即使收入减少，需求量也不会减少；需求量对价格变化反应迟钝

弹性大：价格稍有变化，需求量就会大幅度变化 1:4
奢侈品：收入减少时，首先削减的就是奢侈品；对价格的变化反应十分敏感

品名	弹性
香烟	−0.388
住房	−0.032
大米	0.2202
新鲜水果	0.2787
燃气	0.2894
医药用品	0.327
医疗保健服务	0.377
蔬菜	0.396
鱼贝类	0.4044

（低→高）

品名	弹性
补习教育	32268
教科书、学习参考教材	2484
职业培训等	24706
男士西装	21377
汽车等	18647
每月学习	17354
酒店住宿	15459
在外用餐	13776
休闲娱乐服务	12732
组团旅游	11864

（高→低）

（日本总务省《家计调查》2014年）

必需品是指不管收入多少，都不能减少或增加的东西。伙食费、房租、电费、医疗保健等都属于必需品。

奢侈品是根据收入的变化可以调整其支出的东西。教育费、休闲娱乐服务、在外用餐、旅游与住宿、培训活动等均属于奢侈品。由此我们不难理解，补习教育等教育费的支出随着家庭收入的增多而增多，家庭经济状况不好时则削减。

对于供给价格弹性，一般来说农作物以及矿产品的弹性小，而工业制品弹性大。因为农作物在春天时就已经定好了种植面积，不可能在农作物的生长过程中增加。再者，工业制品保存起来很方便，当市场价格上调时，可以通过调整库存或延长加班时间来增加生产量。此外从时间周期长短来考虑的话，工业制品的弹性要大得多。因为如果今年农作物的价格上涨，那么要想增加产量至少也得等到明年之后才能增加种植面积。而石油却不一样，增加新油田的生产或者增加设备投资都能达到增加产量的效果。

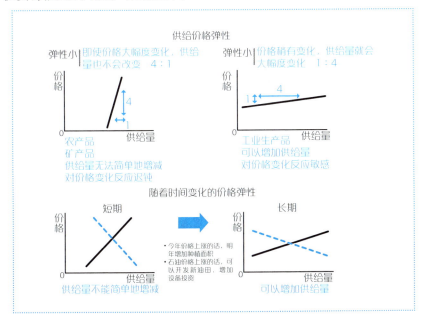

对奢侈品征税，受损的是普通百姓！？

供需曲线的弹性 2

有时候同样的商品或服务，由于需求者和需求时期不一样弹性也会有所不同。商品价格的差异就是由这种弹性差造成的。

现在我们在网上购买电影票、航班机票等都有折扣，甚至购买时间段不同票价也不同，这些就是弹性造成商品价格差异的典型例子。这些商品可以归为"时效性商品"，因为电影一旦开场，航班一旦起飞，就不能再作为商品出售。而且即便增加1位顾客，边际成本也非常小，因此电影院、航空公司都抱着座无虚席的目的来确定票价。

对于这类商品的价格变化敏感的要数学生以及老年人。因为他们的自由时间多，价格便宜时需求就会大幅度增加。相反，商务人士对此类商品的价格变化不敏感。因为事先不知道什么时候会有商务出差，所以即使机票很贵，也不能不购买。虽然很想看热门电影，但是只有周末才有时间，所以同样的座位，由于时间段、日期或购买时间的不同而有价格上的差异。

也有不考虑价格弹性而导致失败的例子。比如向有钱人征的帆船税。1990年美国开征帆船税（帆船价格上涨导致需求曲线的变动，可参照下页第二幅图），结果10万美元以上的帆船销售额减少71%，帆船业的就业岗位也减少了25%，最终惨淡经营。原因是有钱人要么从免税国家购买帆船，要么将这些钱用于度假或购买别墅。

生产、销售帆船的劳动者并不是有钱人，而奢侈品税原本是针对有钱人的，结果却只是给承担帆船生产的中产阶级增加了负担。本来预期是要增加税收的，结果却百害而无一利，因此帆船税在1993年被废除。

电影、航空机票的价格弹性的差异

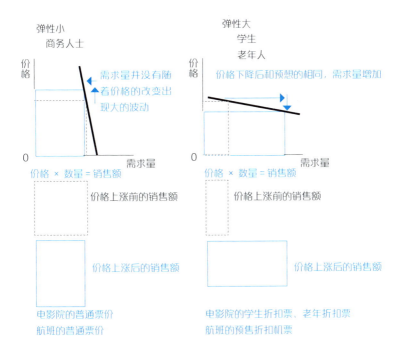

对奢侈品征收税费——帆船税

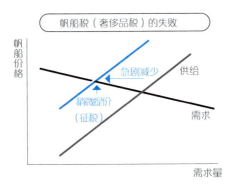

价格稍微往上调整以后,帆船需求量大幅度减少,原本针对高收入人群征税的奢侈品税结果给制造帆船的中产阶级造成了生活压力。

均衡的调整 1 市场机制下价格的自动调节体系

> **如**果将需求曲线和供给曲线描绘在同一幅图中,那么这两条线会有一个交点,这个交点就是均衡。

在下页的图中,大福饼的均衡价格是 200 日元每个,均衡交易量为 7 个,买方需要的量和卖方提供的量完全相等。在这个均衡价格下,市场参与者全体的需求都得到了满足,所有成员让这次买卖得以成功。买方卖方的行为自然而然地向这个均衡点靠拢。那么没达到均衡状态时又会怎样呢?

下页第二幅图中(1)是市场价格在均衡价格之上时的情景。大福饼价格为 250 日元时,供应量(10 个)在需求量(4 个)之上,属于供过于求的生产过剩(供给过剩)状态。像这种生产过剩的情况,想卖却卖不出去的大福饼只能放在冷库,这样冷库的大福饼越积越多。于是销售方意欲通过降价来消除这种状态。价格下降后,需求量便增加,这样供给量相对便减少了。需求量和供给量就是这样沿着供需曲线移动,直至下降到均衡价格。

图(2)与图(1)相反,是市场价格在均衡价格之下时的情景。大福饼价格为每个 150 日元时,需求量在供给量之上,属于需求过剩(供应不足)的状态。在这种过度需求的状态下,消费者不得不排队等待购买。供应不足时销售方还可以将价格适当提高,相对增加供应量。价格过高或过低时,销售方和购买方的行为会将价格自然而然地引向均衡价格。

我们可能对这种市场机制并没有多少认识,但实际上市场价格就像我们的生活一样每天都在变化。

需求和供给的均衡

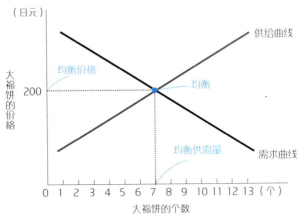

不均衡市场

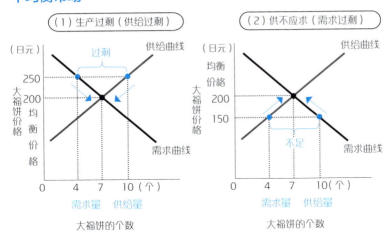

> **亚洲市场的印刷用纸价格下调**
>
> 最近，亚洲市场的印刷用纸价格出现下调。用于书本或者产品说明书的上等纸，价格为每吨 800 ~ 850 美元，与 10 月初相比下调了 20 美元。国内各纸品生产商显示了强劲的出口态势。据某些商社透露，此前以入不敷出为名严格控制出口的生产厂家如今也积极加大出口，降低价格争取更多贸易机会。
>
> （摘自《日本经济新闻》，2014-12-09）

均衡的调整 2 | # 需求和供给的变化

在上一节中分析了供需曲线上的变化，接下来将对供需曲线的移动进行分析。

供需曲线的移动可以按以下顺序进行分析。

- 供需曲线的哪一个发生移动？
- 如果曲线发生移动，那么会向哪个方向变化？
- 曲线的变化会导致均衡交易量和价格怎样变化？

1. 供给曲线的变化（下页上图）

① 酷暑导致黄油（原材料为生乳）生产遭受损失，这样给蛋糕供应带来变化。生产成本上升，在各种价格之下企业销售的蛋糕量发生变化。

② 供给曲线向左移动，企业将产量控制在均衡交易量之下。

③ 价格维持在 200 日元不变时出现了需求过剩的情况，企业为了改变这种供不应求的状况而采取提高价格的措施。如图所示，将价格从 200 日元提高到 250 日元后，均衡交易量由 7 个减少到 5 个。

2. 需求曲线的变化（下页下图）

① 圣诞节期间蛋糕和草莓的需求发生了较大变化。

② 在这样的状况下，需求曲线会向右移动。

③ 价格维持在 200 日元不变时出现了需求过剩的情况，所以企业为了改变这种供不应求的状况而采取提高价格的措施。如图所示，将价格从 200 日元提高到 250 日元后，均衡交易量由 7 个增加到 10 个。这样就增加了圣诞节期间草莓的价格和销售量。

（1）供给减少对均衡的影响

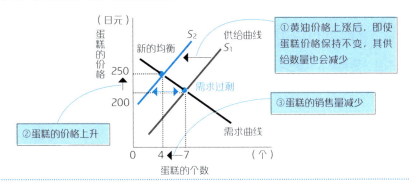

牛肉盖饭涨价的苦肉计

SUKI屋餐厅从（2015年4月）15日起将牛肉盖饭价格从59日元起提高到350日元，"这是参考牛肉价格、水电费、人工费做出的决定"。受美国旱灾的影响，美产冷冻牛肉的买入价格接近两三年前的两倍，此外人工费也在上涨。

（摘自《读卖新闻》，2015-04-03）

（2）需求扩大对均衡的影响

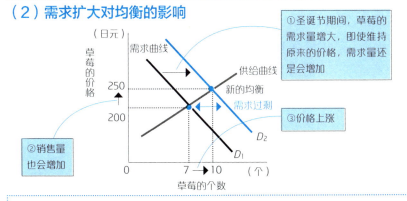

圣诞节将近，草莓缺货

圣诞节将近，各蛋糕店为确保草莓供货而苦恼，有些店家甚至直接和农户商量订货。田边市市内的蛋糕店人员说："每年12月20日以后，草莓价格都会疯长，今年即使是很小一颗的草莓价格也涨到去年这个时期的2倍。更严重的是，由于缺货，有三分之二无法供货。由于全国的供应量都少，即使从大阪也进不到货。所以今年我们打算把大草莓切成两半，或者用甜瓜等其他水果来代替。"

（摘自《纪伊民报》，2012-12-21）

价格管制 1

保护消费者的物价机制反而让消费者痛苦

市场就是将消费者和生产者的剩余最大化，实现资源的最优配置。这样一来，当价格和数量受到限制时会怎样呢？

均衡价格下，购买方意欲购买的量和销售方能够出售的量刚好相等。在这种状态下，政府引入价格管制后市场会发生什么情况呢？

第87页图（1）中，最高限价比原有的市场均衡价格贵，所以它没有起到效果，不会影响实际价格和销售量。

图（2）中政府设定商品的最高限价为200日元。在没有政府干预的市场，在需求和供给的推动下，商品价格向均衡价格方向移动。但当市场价格遇上最高限价后，价格就不会向最高限价以上攀升了。在最高限价下，需求量有125个，此时供给量只有75个，也就是说还有50个人购买不到所需的商品。

在这样的情况下，市场上会有其他的机制发挥作用。比如排队（也就是根据时间来调整），排到前面的人得到了相应的商品；也可以是卖方选择买家，比如仅在朋友、亲人、熟人之间销售；更少见的还有黑市，有权势的人以及那些富人们在黑市上很容易买到想要的商品，这样没有权势没有钱的消费者只能被排除在外。

有些时候政府为了保护消费者利益而进行的价格管制反而会损害购买方的利益。当最高限价低于市场价格时，其他的分配机制都不可能比市场机制优越。排队只会浪费购买方的宝贵时间，卖方的个人选择以及黑市交易则会剥夺消费者正当价格购买商品的机会。因此市场机制是最有效且非人为（自动）的分配机制，它能够通过价格实现公平分配。

设置价格上限的市场

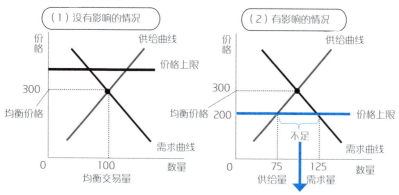

转向排队（浪费时间资源）以及黑市等人为调整

政府的价格管制引发石油危机与黑市！？

1973年，中东战争爆发，OPEC（石油输出国组织）决定上调石油价格。美国政府倡导的石油最高限价导致了影响严重的石油缺乏问题。

> 在政府管制下，汽油价格无法上涨，导致其供给大幅减少，致使汽油供给不足问题趋于严重。首先是汽油不足引起恐慌以致问题更加严重。其次驾驶人员无法预估什么时候才能买到汽油，于是即使车里还有足够的汽油他们也要在加油站排队，为了能加满汽油而苦等。这样加油站排起了长龙。
>
> 如此一来，短短两到三个月时间，汽油不足就成了常态化问题。为了买到汽油，不惜浪费好几个小时排队，一些家庭担心车子哪天就动不了了，甚至都取消了休假。最终1981年政府废止了对汽油的价格管制。
>
> 2000年春天，由于原油生产国的产出限制，石油价格在短短两三个月间涨了一倍以上。随之而来的是汽油价格迅速上升，许多人改变自驾游计划，在如此高的油价压力下，有些人甚至感觉掉进了贫困陷阱。但是，美国并没有出现汽油短缺现象，20世纪70年代的价格管制也没有造成混乱，人们的生活一如既往。
>
> （摘自克鲁格曼等《克鲁格曼微观经济学》，东洋经济新报社）

> 日本在战争时期的1939年也实施过物价管制，几乎所有的商品都限制了价格。这导致战后不久黑市横行，千叶和埼玉等地的农民一大清早就背着大米赶往东京，这就是所谓的"黑店身影"。
>
> （摘自八田达夫《微观经济学Expressway》，东洋经济新报社）

价格管制 2 | 政府无视市场均衡实施价格保护的后果

虽然日本和美国无视市场均衡实施限价的事例很少，但是在全球这一现象还是存在的。

假设大福饼单价为 200 日元，那么消费者购买 7 个就能达到均衡，这样一来下页图中 A 部分为消费者剩余、B 部分为生产者剩余，A + B 为总剩余且数值达到最大。

政府为了保护大福饼的生产者，实施价格管制，将大福饼的最低价格限定在 250 日元。价格上升导致销售量减少到 4 万个，生产者剩余由 B 变化为 B′，数量有所增加（生产者要求实施价格管制的理由也在此），相反消费者剩余由 A 变化为 A′，数量有所减少。总剩余变成 A′ + B′，比开始减少了 C 的部分。

反之，如果政府为了保护消费者而实施价格管制法，将大福饼的单价定为 150 日元，那么销售量会减少到 4 万个，消费者剩余由 A 变化为 A″，实际数量增加，而生产者剩余由 B 变化为 B″，实际数量减少。总剩余变成 A″ + B″，实际减少了 C 部分。由此看来，生产者和消费者保护价的导入实际上是总剩余缺失 C 部分。我们将缺失的这个 C 部分叫作净损失（dead-weight loss），也是社会整体的损失。

> 南美洲的委内瑞拉存在着供应短缺的问题。政府实行价格管制，牛奶、大米、咖啡豆、玉米粉等价格管制品供应的短缺最为显著，市民甚至只能购买到平时商品的 30%。原因是一些犯罪组织大肆购买价格管制的低价商品后私售给哥伦比亚等邻国，从中牟取暴利。到 2014 年 8 月底，年度通货膨胀率高达 63.4%，引起民众的强烈不满。
>
> （摘自《产经新闻》，2014-11-24）

保护生产者和消费者的价格管制造成的净损失

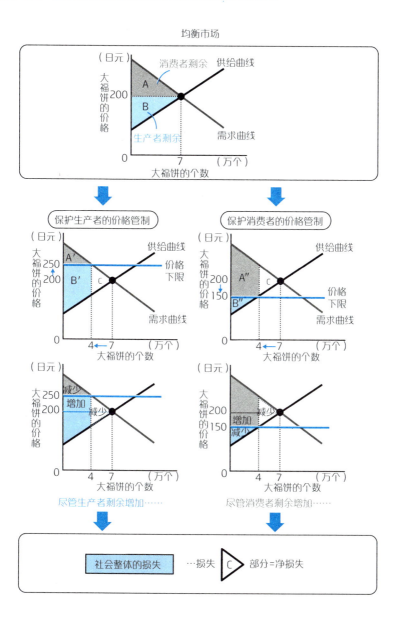

贸易与生产者保护 1

贸易保护的原因

比较优势讨论的是贸易的利润，那么这些利润应该如何分配呢？这里我们从剩余这方面来分析这一问题。

　　比较优势讨论的是所有国家从贸易中所获得的利润。尽管贸易自由化扩大了消费者利益，大米的进口自由化至今仍无法实现。围绕TPP（跨太平洋伙伴关系协定）谈判，日本政府倡导针对大米、麦子、牛肉、猪肉、乳制品、砂糖及其原料等5种重要项目严守关税。由于大米的关税是402日元/kg（2015年），10kg就必须支付4020日元的高额关税，因此几乎没有哪个国家愿意支付如此高额的税费将大米出口到日本。大米的贸易自由化能够扩大消费者权益，但是日本政府为什么不愿意推行"扩大自由化"的战略呢？比如日本逐渐从TPP以及RCEP（区域全面经济伙伴关系）、与东南亚国家开展农业自由化的FTA（自由贸易协定）中退出来了。这肯定有其原因，这里我们可以从剩余这一视点来理解。

　　日本一旦完全放开大米市场，那么国内大米的价格就会和国际上大米的价格一致，大米的需求也将增大。同时以国际价格定价势必会导致国内的大米供给减少，而要填补大米需求这一空缺就必须依赖进口。日本全国的剩余就如下页上图中三角形C部分所示会增加。这也是自由贸易中进口带来的好处。但是，消费者剩余会进一步扩大，而生产者剩余则会急剧减少，如此一来一旦进口大米，大米的利润相对日本全体国民而言就会减少很多，而生产者所受的损失则会集中在特定的人群中，对于这群人来说这就变成了生死问题。由此可见大米进口必须慎之又慎。

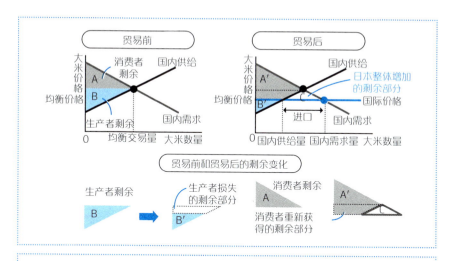

石川城太：经济教室，日本选择是否加入 TPP

假如加入 TPP 能使 1 亿人获利，那么日本全国获利的总量是 10 万亿日元，与此同时会有 200 万人蒙受损失，日本全国损失共计 8 万亿日元。这样一来，整体经济会有 2 万亿日元的利润，因此加入 TPP 是不错的选择。但现实却是残酷的。因为相对受益人群人均 10 万日元的利润，亏损人群的人均损失高达 400 万日元。

大多数因加入 TPP 而获利的人群不会千里迢迢前往霞关（日本政府机关集中地区）高喊"赞成加入 TPP"，但是那些因加入 TPP 而受损的人群却不惜花费交通费来到霞关，甚至向公司请假一天来反对加入 TPP，民众的这种反应也是影响日本政府决策的主要原因。如果最终通过了反对加入 TPP 的决定，那么可以避免人均 400 万日元的损失。

（摘自《日本经济新闻》，2018-08-28）

因此贸易保护一般由生产者发起。站在生产者的立场这也是无可厚非的，古今中外都不例外。动员政府限制国际贸易的往往是企业以及在企业就职的劳动者、大米农户等生产者，他们的声音越大，贸易保护政策被采用的可能性就越大。其中最具代表性的是关税以及进口比例和出口自主规制。

20 世纪 80 年代初期日美贸易摩擦中，日本自主控制汽车的出口量，否则日本将向美国支付高额关税。

贸易与生产者保护 2 — 消费者负担关税的事实

> 贸易保护的代表性主张是"保持雇佣、保持高薪资、保护新兴产业",但是目前还没有长期性的成功事例。

这里我们将分析贸易保护中的关税收取问题。在没有关税的自由贸易下,交易按照国际价格进行,消费者剩余相当于下页上图中的 A,生产者剩余则是 B。当需要缴纳关税时价格会由 p 上升到 p_1,需求会减少,与此相应,国内供给会增加。消费者剩余则将由 A 减少到 A′,相应地,生产者剩余则由 B 增加到 B′。

在消费者剩余减少的部分当中,C 部分既不是生产者剩余,也不是关税收入,而是日本整体损失的部分,即净损失。进口比例限制也是如此。相当一部分关税都成了海外出口企业的囊中之物。无论怎样这都不利于资源的优化配置。

有一点是我们最容易误解的,那就是关税不是由出口企业承担,而是由日本的消费者负担。关于"大米的国际价格 500 日元加上日本的关税 4020 日元等于日本境内销售价格 4520 日元",乍一看支付关税的是出口企业,但实际承担关税的却是日本人。关税是从一个日本消费者的收入中向其他日本人手中转移的(比如进口黄油有特殊的关税比例制度,农林水产省统计 2012 年进口量为 4000 吨,农畜产业振兴机构所获得的进口盈余约为 23 亿日元,进口盈余用于奶农补贴)。

因此,5 种农业重要项目取消关税后,家庭收入将得以增长(反过来说就是现在由消费者负担)。在收入当中,低收入人群的食品支出所占的比例高于高收入人群,因此取消关税给低收入人群带来更大的福祉(受惠是高收入人群的 2.3 倍,消费税的负担差别是 1.7 倍)。

征收关税后剩余的变化

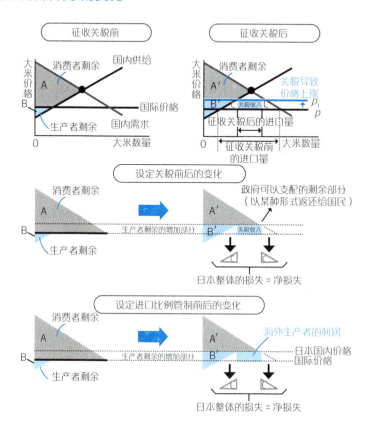

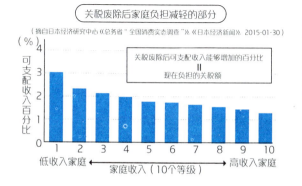

> 取消进口商品的关税所带来的好处是对于那些食品等家庭负担大的低收入人群来说可支配收入将更多。

贸易与生产者保护 3 | 关税和补贴哪个更有利于生产者保护？

> 如果想保护生产者，那么补贴会比关税和数量管制更理想，因为它能增加消费者剩余以及社会的剩余，生产者也能从中获利。

假如政府拿出与关税同等金额的补贴用于大米农户开支，这样会收到什么样的效果呢？补贴发放后，相应金额会用来填补生产者的成本，供需曲线会变化（请参考第95页上图），生产经费会降低。

由于国际价格不变，所以消费者的购买量以及消费者剩余和自由贸易环境下是相同的。另一方面，由于一部分补贴投入到生产中来了，生产者剩余由 B 增加到了 B′（请参考第95页下图）。

在国民负担的补贴中，C 部分没有被用之于民，成为净损失，但是这种净损失比征收关税造成的净损失要少。也就是说发入补贴比征收关税带来的整体剩余要大。

另外，与进口自由化之前的剩余图相比，消费者剩余和日本整体剩余明显增加。本来自由贸易是最好的，但是如果要保护生产者的话，发放补贴比关税和进口比例管制更理想。

围绕 GATT（关税及贸易总协定）、WTO（世界贸易组织）以及 FTA（自由贸易协定）、EPA（经济合作协定）的谈判，日本政府调整对外政策（关税及贸易量），国内政策尤其以发展中国家对发达国家的议题较多，但是事实上并没有真正触及。

以上是经济学中主张贸易利润的实证分析，通过做大蛋糕（效率）和切好蛋糕才能增加社会整体的收益。

发放补贴后剩余的变化

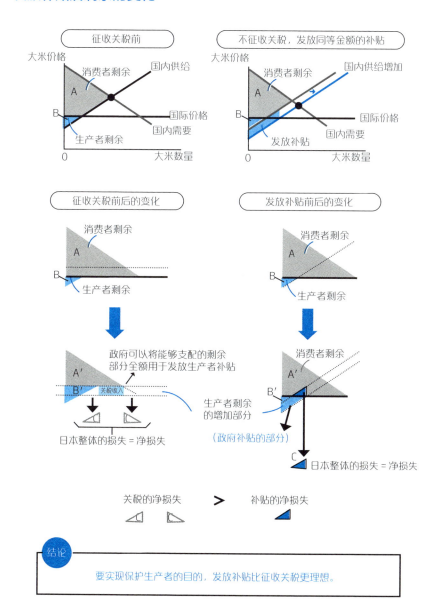

贸易与生产者保护 4

欧盟农民实际上大多是"公务员"

农业方面应该采取怎样的保护政策?这里通过实例来分析这一问题。实际上,世界上的农业尽是补贴和管制等,离自由化相差甚远。

离自由贸易相差甚远的市场之一就是农业,比如关税税率的设定,加拿大的黄油税率为300%、奶酪为245.5%,欧盟的黄油税率为200%,美国的黄油税率为120%、脱脂奶粉为100%。日本对美国牛肉征收38.5%的关税,美国也对日本牛肉征收26.4%的关税。

即使是欧盟中规模最大的英国谷物经营(平均规模为200公顷),从英国的平均量来看存在着经常性收入1.5万英镑(2015年9月时1英镑约相当于184日元)的赤字,这些全部采取补贴来填补。种植谷物的农民的平均补贴为5万英镑、欧盟预算最大的行业当属农业,因此有这么一种说法——欧盟的农民大都是农业公务员。此外,在美国62.4%的小麦成本和58.2%的大米成本都由政府支付(2011年)。美国的出口补贴中排名前三位的是大米、小麦和玉米,补贴金额最多的达到4000亿日元一年。此外还要承担其他国家的粮食援助(事实上是对美国国内农民颁发的补贴)1200亿日元、出口信贷(美国政府承担出口对象国的坏账)4000亿日元。

欧盟和美国没有比较优势的农产品是砂糖,最实惠的方法就是种植甘蔗。但是甘蔗必须生长在热带,欧盟地区几乎不可能种植甘蔗。另一方面,欧盟是砂糖的出口国,美国进口的砂糖只是其消费量的一小部分而已。这是为了保护美国国内生产者而对寒冷地区栽培的甜菜发放了大量补贴,这样美国的砂糖价格大约是国际价格的2倍。

各国各地区保护农业的负担金额

国家（地区）	国家（地区）内农业保护总额	相对农业生产总额的比例
日本	6418 亿日元	7%
美国	17516 亿日元	7%
欧盟	4428 亿日元	12%

（WTO《农业保护指标》2011 年）

直接支付（政府负担）占农业收入的比例 （《很好理解的 TPP48 个错误》农山渔村文化协会）		补贴占农民纯收入的比例 （农林水产省《平成 24 年度欧盟报告书》）	
日本	15.0%	瑞典	545.9%
美国（整体）	26.4%	芬兰	278.2%
小麦	62.4%	法国	179.7%
玉米	44.1%	德国	151.2%
大豆	47.9%	爱尔兰	117.2%
大米	58.2%	荷兰	110.8%
法国	90.2%	英国	105.4%
英国	95.2%	澳大利亚	88.9%
瑞士	94.5%	波兰	76.5%

欧盟多年的财政框架图（2014—2020 年预算）

共同农业政策（CAP）37.8%	经济·社会·地域向心力 33.9%	增长和雇佣 13.1%	其他 15.2%

关税和补贴带来的粮食自给率和出口

粮食自给率（按热量计算）（2011 年，农林水产省）	
加拿大	258%
法国	129%
美国	127%
德国	92%
英国	72%
日本	39%

这是补贴和关税扭曲后的粮食自给率。它反映了离自由化市场还有很大距离的农业市场实际情况。

（摘自铃木宣弘、木下顺子《很好理解的 TPP48 个错误》，农山渔村文化协会）

贸易与生产者保护 5 — 日本的农业保护政策和粮食自给率

2015 年日本的农林水产省相关预算高达约 3.8 万亿日元,其中对拥有土地的人群一律支付直接补贴 6814 亿日元。

粮食自给率作为农业政策的目标是否合适?

政府将"粮食·农业·农村基本计划"定为今后农业政策的方针。按热量计算的食品自给率的目标下降到 45%,自给率连续 4 年来均为 39%。即使热量低,日本农业中价值大的蔬菜以及水果等都是强项。按热量计算的粮食自给率无法成为展示实力的确切标准。

基本计划中有一些打着提高自给率旗号的不合理的政策,其中最典型的要数计划在 10 年后将饲料大米的生产率增加到现在的 10 倍。日本国内饲养的牛、猪等食用肉虽然是用进口饲料饲养的,但不算入自给率。政府想要增加国产饲料大米的产量,提高自给率,甚至向那些将主食用大米转做饲料大米的农民发放补贴,保障其收入,这也是对散户农民的姑息政策。

现在以生产额基准计算的自给率达到 65%,问题是农业生产必须充分利用(包括放弃耕地在内的)国内农业用地。重点种植薯类作物的话,可以存储必要的热量,但要完全摆脱粮食进口是很难想象的,也脱离了真实的饮食生活。

(摘自《读卖新闻》2015-04-06)

不论国内产出多少牛肉、猪肉、鸡肉、牛奶,农林水产省都认为这不是热量自给,因为它们使用的是进口饲料。日本国内生产的"自给"肉数值见下表。

日本的按热量计算的食品自给率(2014 年)

	牛肉	猪肉	鸡肉	鸡蛋	牛奶·乳制品
食用肉的国产自给率	42%	51%	67%	95%	63%
农林水产省排除进口饲料的计算方式	12%	7%	9%	13%	28%

(农林水产省《平成 26 年粮食供需表》)

粮食自给率会怎样变化?(请参考第 99 页表格。)

日本的粮食自给率

（笔者总结）

热量基础（农林水产省，2014年）	39%
实际热量摄取量基准（厚生劳动省，2005年）	53%
生产额基准（农林水产省，2014年）	65%
农民的自家消费、规格外未发货及浪费部分（相当于农产品的百分之二十到三十）计算在内的实际热量摄取量基准（2005年）	超过60%

> 全世界的粮食浪费占粮食总生产量的三分之一，达到13亿吨。日本的食物垃圾占粮食总消费量的20%，大约为1800万吨，其中未卖完的、过期的、吃剩的等原本仍能食用的食品浪费达到500万~800万吨。这个数值超出了世界粮食救济量（2011年约390万吨）。
>
> （摘自联合国粮农组织《世界的粮食损失和食物垃圾》）

酒店自助餐上的残羹冷炙、吃剩的盒饭、家庭过期的罐头废弃物等，除去这些，厚生劳动省统计出的以实际的热量摄取量为基准得出粮食自给率为53%（2005年）。此外，超过200万户农民、副业农民、家庭菜园的自家消费部分（没有拿到市场出售的东西）；农作物当中，存在20%到30%的不合格部分以及为了防止价格下滑而处理掉的部分，这些排除在自给率之外，厚生劳动省计算的自给率超过了60%。

总农民数（2010年）

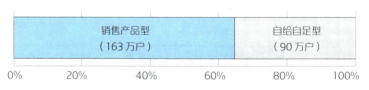

（摘自农林水产省《关于农户的统计》）

让我们来看看农民的实际状况。

自给自足型农民不进行销售，他们占总农民数的36%（90万户/253万户）。这些人自己种蔬菜、大米，自己食用或者送给亲戚，或者送给邻居。

销售产品型农民占比达64%，都是一些要么拥有0.3公顷以上农地，要么每年销售额达到50万日元以上的农民。

日本农民的收入（2013年）

	农业收入	额外收入	养老金等收入	总收入
①副业农民	39	146	225	410
②准全职农民	147	405	116	573
③全职农民	505	41	92	639

（农林水产省2015年发布，单位：万日元）

① 副业农民占农民总数的57%（79.8万户），他们是靠养老金生活的主体，也是日本主要的农民。收入为410万日元（养老金225万日元、额外收入146万日元、农业收入39万日元）。

② 准全职农民占整体的22%，他们以农业外的收入为主，农业作为副业。这些农民就职于农业协会、政府、民间企业等，周末从事农业生产（收入达573万日元、主业521万日元、农业收入47万日元）。

③ 全职农民（也称专业农民，是指家庭成员中有从事农业生产60天以上的未满65岁的农户）占所有农户的14.3%（以2010年为基准），收入在639万日元（农业收入505万日元）。这是我们印象中的代表性农户，也是以65岁以下年轻劳动力为主体的农户。

以下是从事农业生产者的年龄层分布。日本的农业生产主要是退休人员利用空闲时间开展的，因此才产生了以上收入数据。

农业从事者年龄

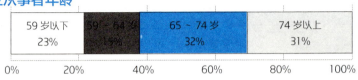

（农林水产省2014年）

虽然副业农户占比高，但是全职农户所占的出货额比例更高，日本的农业实际上由全职农户支撑着（请参考下页图）。通过图形我们

不难看出老年人每年的务农时间为 8 小时，主要从事大米生产。

日本存在 40 万公顷（2010 年）弃耕地，大致相当于滋贺县的面积。全世界有 15 亿公顷农耕地、3 亿公顷休耕地（2010 年），全世界的农耕地总量颇大。

全职农户销售金额表

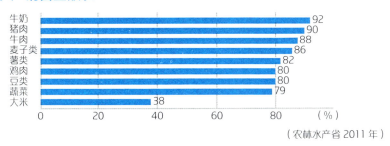

（农林水产省 2011 年）

我们再放眼全球，1950—2005 年期间，世界人口大约增加了 2.6 倍，谷物（玉米、小麦、大米）大约增加 4.3 倍，人口增长率小于谷物生产增长率。比如 1950 年法国每公顷小麦的收成量为 1 吨，21 世纪后达到 8 吨，50 年间涨了 6 倍。之所以能有这么大的增长，是因为化学肥料普遍用于农业。全世界粮食剩余。由于粮食剩余，所以无论哪个国家都想把这些剩余的粮食塞给别的国家，一旦它们进入自己国家就倍感困扰。

从玉米到生物乙醇燃料，美国均有生产。日本人均每年的大米摄取量将近 60kg（一袋米的分量），同等分量的大米只能提取 17.6 升乙醇，如果一辆汽车一升燃料可以行驶 15 千米的话，17.6 升乙醇只能行驶 260 公里。这样算下来用大米生产燃料效率十分低下。

个体每日维持生命所需的能量必须达到 2000 千卡。若将无法自给的能量计算进来的话，日本实际消耗的能量为人均每日 22.8 万千卡（据岩濑昇《石油的埋藏量由谁决定？》，文艺春秋社），而粮食的热量只占 0.88%，所以非常时期单就确保粮食这一点就能让社会生活到达崩溃状态。

完全竞争市场和垄断市场 1 | 需求曲线呈水平状态的完全竞争市场

此前的供需曲线分析都是以完全竞争市场为前提。在完全竞争市场下,人们只能接受市场价格。

在完全竞争市场下,每个消费者和生产者都是价格接受者,他们无法人为影响价格。附近一家超市1袋牛奶的销售价为149日元,假如某个消费者想以每袋148日元的价格购买10袋,超市不会接受。因为即使你不买,总会有其他人买。对于牛奶市场来说你只是一个很小很小的存在,你连1日元的市场价格都无法改变。

对于生产者来说同样如此。马铃薯的市场价格由所有买方和卖方的均衡点来决定,单个农户的生产量无法影响市场价格。因此,完全竞争企业(生产者)的商品需求曲线呈现水平状态。比如北海道一马铃薯农户A不得不接受市场的生产者价格,因此每千克马铃薯售价为75日元。超过这个市场价格就卖不出去(还有其他许许多多卖家),所以A所面对的需求曲线是水平的。

马铃薯市场整体的需求曲线和普通的需求曲线相同,都是向右下方倾斜,A的需求曲线是水平方向的。这两个图的不同在于横轴的销售量。马铃薯的均衡数量是245.9万吨,而A的销售量只有40吨,从整个市场来看A的马铃薯销售量极其少。

这点在劳动市场上也一样。某个地区的高中生在超市兼职的小时工资是水平的,即使高中生希望将自己的小时工资提高1日元,这也是不可能的。

完全竞争企业的水平需求曲线

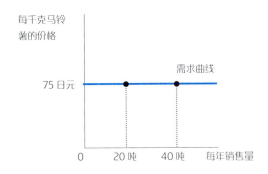

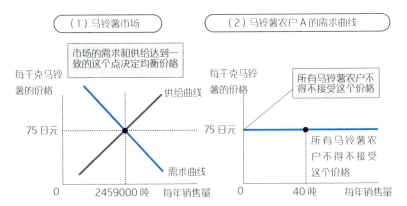

完全竞争市场的劳动需求曲线

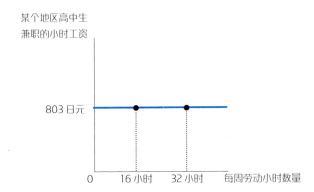

完全竞争市场和垄断市场 2

垄断市场形成的原因（1）

> 完全竞争市场的对立面就是垄断市场，垄断市场是卖方或买方中的一方主导市场的市场状态。

我们使用笔记本时，往往会想它的操作系统是哪个Windows版本。Windows操作系统在全世界的市场占有率已经超过了90%，微软公司拥有Windows的版权，基本上垄断了笔记本应用程序的开发与销售。顾客要想购买Windows，就必须接受微软公司开出的价格，可以说微软公司在操作系统市场占据垄断地位。

微软公司的经营用完全竞争市场模式无法解释，完全竞争市场的前提如下所示：

（1）销售同样的商品和服务。

（2）存在很多卖方和买方，且都是价格接受者。

（3）买卖自由，随时都能参与市场，随时都能退出市场。

（4）消费者和生产者都掌握商品的信息。

完全竞争市场的生产者是价格接受者，微软公司则是拥有价格决定权利的价格制造者，是能够影响产品市场价格的存在。

微软也是企业，是企业就必然以利润最大化为目标。那么为什么微软不将Windows的价格设定为10万日元或者2000日元呢？此外，为什么政府一方面承认著作权，另一方面又要设立《反垄断法》来禁止垄断呢？下面我们来分析与完全竞争市场相反的垄断市场。

四种市场

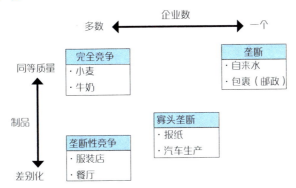

操作系统与搜索服务的垄断事例

美国司法部宣布终结与微软长达 12 年的反垄断诉讼案

美国司法部和美国 19 个州于 1998 年 5 月向微软公司提起诉讼，控告其恶意利用自己垄断市场的优势，削弱竞争公司的竞争实力，侵害消费者利益。美国司法部发文表示要让企业的竞争公平、透明，让消费者获得更多选择的机会。

（摘自《IT 媒体新闻》，2011-05-13）

笔记本电脑操作系统的世界市场占有额（据《Ars Technica》，2014 年 11 月）

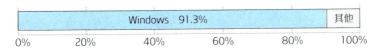

谷歌搜索或违反垄断法

欧盟委员会向谷歌发了一份"异议声明"，纠正其违反垄断法的行为。谷歌利用站内搜索优先推广谷歌购物，不利于公平竞争，损害了消费者利益。预计如果判定违反垄断法，最高将可能被判 60 亿美元罚款。

（摘自《日本经济新闻》，2015-08-29）

欧洲搜索引擎市场占有额（摘自《日本经济新闻》，2015-04-16）

完全竞争市场和垄断市场 3

垄断市场形成的原因（2）

垄断形成原因之一是贸易壁垒。垄断以及类似垄断状态出现的原因还有其他一些。

垄断市场大致可以分为以下四种。

1. 资源垄断

资源垄断型市场著名的案例当数南非钻石业跨国公司戴比尔斯公司。该公司利用每次开展的十次名为"搜索"的活动介绍从世界各地搜集而来的钻石原石，以此将自己的产品推向市场。有资格加入这个网站的人被称作网站持有者，由戴比尔斯公司决定其是否有这一资格。在世界百强钻石企业中，日本只有田崎一家。戴比尔斯公司通过特殊系统调整原石供应量，将钻石价值维持 100 多年不变。

> **戴比尔斯公司制作的吸引眼球的广告**
> 钻石是永远的光辉
> 结婚戒指就是三个月的工资
> 一套房十颗钻石

2. 自然垄断

规模经济主导的市场就是自然垄断型市场。在那些需要发电、铁路等非常大的设备的行业，新企业进入需要耗费巨大资金，因此它们没法和已有企业竞争。结果成功扩大生产规模的企业通过规模经营愈发强大，将小企业纷纷淘汰掉。

2016 年 4 月起日本家庭供电实现完全自由化。此前，家庭供电由国家指定的普通电力公司（东京电力、关西电力等 10 家公司）垄断经营。

现在国家允许更多的新企业进入，让居民能够自由选择供电公司。

3. 专利权、著作权、设计权等的垄断

制药公司对其开发的新药的有效成分和制作方法申请专利权并得到批准后，便获得了20年垄断制造并销售该种药物的权利。药物的研究开发必须花费巨额资金，比如武田药品工业株式会社的研究开发经费截至2014年，3年内大约为1万亿日元。据日本制药工业协会透露，新药的开发需花费9～17年的时间，成功率三万分之一，大型药品的开发经费甚至高达500亿～1000亿日元。政府认可垄断企业的高价与高利润以激励制药公司积极进行研究开发。

> **iPS 药物发现正式启动　武田与京大花费 200 亿日元共同研究**
>
> 京都大学 iPS 细胞研究所（所长为山中伸弥教授）和武田药品工业株式会社于 17 日发布声明双方达成共同研究 iPS 细胞的合约。大学研究人员的新颖想法与企业的实用研究相结合，提高日本的国际竞争力。希望通过合作能够提高这一项目的研究开发效率。
>
> （摘自《日本经济新闻》，2015-04-18）

4. 产品差异化导致垄断

这类垄断最典型的例子是名牌产品。可口可乐公司为了防止冒牌产品的出现采取的不是申请专利，而是严守成分配比这一企业机密。意大利超豪华跑车制造商法拉利公司自由设定产品的销售量和价格。

> **法拉利出售梦想　减产至 7000 台以下**
>
> 意大利豪华跑车生产商法拉利公司主席蒙特泽莫罗于 8 日宣布公司本年度将对豪华法拉利汽车进行减产，产量控制在 7000 台以下，希望能提高品牌的稀有价值。蒙特泽莫罗说："法拉利的限量感是商品价值的基本，我们卖的是梦想。"法拉利公司 2012 年创下了 66 年来最高营业利润纪录，它推出的混合动力车 LaFerrari 价格定在 1.5 亿日元以上，限量 499 台。尽管如此，购买者依旧蜂拥而至。
>
> （摘自《日刊体育》，2013-05-10）

现实中的市场并不是完全垄断的市场，而是事实垄断或垄断性市场。

垄断市场的供需曲线

完全竞争市场和垄断市场 4

垄断企业的生产率控制在均衡生产量之下,本节来分析其中的原因。

先引出垄断市场的供需曲线。

首先是需求曲线。在完全竞争市场下,相对于整个市场单个企业的生产率是微不足道的,因此企业面对的需求曲线是水平方向的。

如果垄断企业垄断了整个行业,比如马铃薯市场有且只有一家公司,那么这个产业的需求曲线就是这家企业的需求曲线。如果垄断企业提高价格,那么消费者就会减少;反之如果垄断企业减少销售量,那么产品的价格就会上升。

其次是供给曲线。事实上垄断企业没有供给曲线,如同前面所讲,供给曲线是在生产者是价格接受者这一条件下,生产者各自计算应该生产的量。垄断企业则是自行设定价格的价格制造者,而且各个行业的垄断企业只有一家,所以产量也能自主决定。因此,完全竞争市场下边际成本曲线等于供给曲线,但是垄断企业只需要面对本公司的边际成本曲线。

垄断市场中生产量 Q 变化,市场价格 P 就会沿着需求曲线变化(请参考第 109 页图),这就是垄断企业的价格支配力。

如果生产量定在 Q,那么收入是 P 乘以 Q 所得到的长方形部分。生产量 Q 变化时,长方形的面积(代表收入)也会变化、长方形(P 乘以 Q)中,图中阴影部分为成本(边际成本的总和),利润是收入减去成本所剩下的部分。垄断企业自主决定生产量 Q 来达到利润最大化的目的。

完全竞争市场与垄断市场的供需曲线特征对比

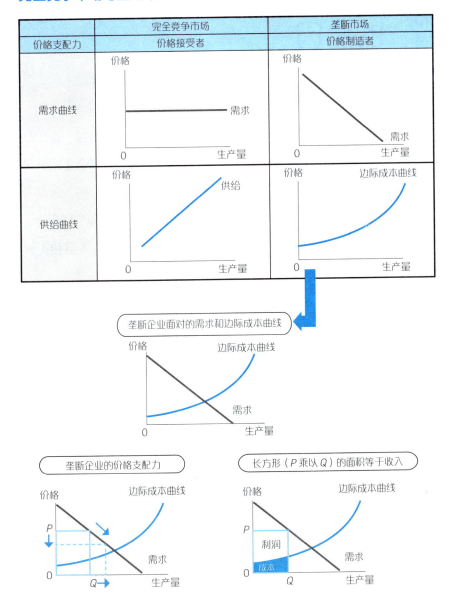

垄断市场的特征和危害 1

垄断问题真正的原因

为了方便考虑垄断市场的最佳生产量,将利用生产者剩余最大化来分析。

垄断企业会以生产者剩余最大化为依据确定供给量,这样一来价格也就确定了。比如当生产量缩减到下图的 C 点时,生产者剩余比该公司的边际成本曲线和需求曲线的交点 A 要少,这样是肯定不行的,所以不可选。当这个企业选择自己利润最大的 B 点时,生产者剩余明显会比 A 点大。由此看来,垄断市场的价格和交易量与均衡生产量的 A 点相比价格提高、交易量变小。

> **最大利润点**
> 完全竞争市场价格等于边际成本　　垄断市场价格大于边际成本

那么与 A 点相比,B 点的总剩余会怎样变化呢?生产者剩余增加,出现净损失,社会整体的总剩余会减少。这样垄断带来的问题是产生了净损失,对社会整体而言损失扩大,达不到最优水平,反而生产量(消费量)过小。所以垄断市场的问题并不是垄断企业赚得太多。垄断市场和完全竞争市场一样,实际是不存在的,两者的作用是设定市场机制功能发挥最好和最不好时的基准点,以此将市场机制的特性鲜明地表现出来。因此垄断市场并非大众所想的"垄断企业利润太高,让普通百姓忍受高价太不像话"的不公平问题,而是社会整体的总剩余这块蛋糕缩小的效率低下问题。

垄断市场下产生社会整体损失

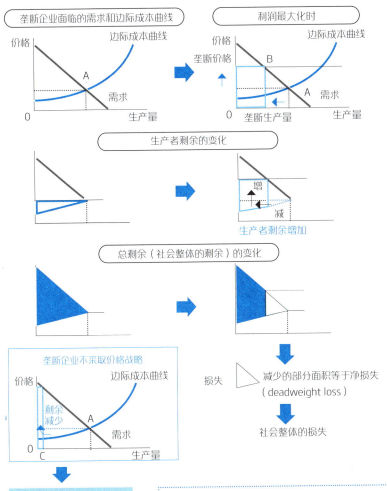

这是微软为什么不把Windows的价格定为10万日元的原因。

价格过高或过低，微软公司的总剩余都比最大剩余时少。

卖方垄断市场时，垄断企业（供给方）为了实现利润最大化会提高价格，减少销售数量。因为没有其他竞争企业，所以消费者（需求方）蒙受损失，他们要么只能以高价购买，要么想买也买不起。

（摘自《最新政治、经济资料集2015》，第一学习社）

买方垄断的实例（HOKUREN）

垄断市场的特征和危害 2

现实生活中存在生产者垄断的例子，那么买方垄断的例子有没有呢？

北海道约有6900户养殖场，所生产的生乳超过了日本国内5%（2014年度）。这些生乳的98%被日本指定的HOKUREN农业合作社联合会垄断收购，HOKUREN每年经手的农产品金额达到10375亿日元（2014年），北海道的生乳交易没有例外的话一般都是通过HOKUREN进行。对于股份有限公司而言，这是与反垄断法相违背的，但是HOKUREN合作社不适用于这一条，日本全国由农林水产省指定的十个团体可以垄断购买各地区的生乳并将其90%以上卖给指定团体。

北海道的生乳只适合奶酪、黄油等的加工，这种生乳比食用的生乳价格便宜，因此国家向养殖场发放补贴（180万吨以内每升12.8日元），领取补贴的前提是原则上所有生乳都卖给HOKUREN。这一政策通过限制生产率高的北海道向各都府县销售生乳来保护各都府县的养殖场（同时优待在北海道建有加工工厂的生乳提供商），用于加工黄油的生乳90%以上都来自北海道。

但是生产者并没有满足于这一体系，2015年4月以后，一部分生乳生产者与群马县伊势崎市的生乳批发公司MMJ（Milk Market Japan）联合，将生乳卖给北海道以外的几个生产商。生乳制成饮用奶，可以以更高的价格出售，收益会更好。

※ 农林水产省着手讨论将指定团体从十个压缩到三个，此举是为了争取和大型乳制品生产商的价格谈判。

买方垄断的北海道生乳市场

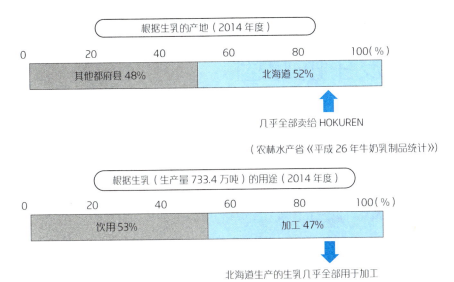

垄断市场的特征和危害 3

垄断市场的危害：黄油短缺发生的原因

> 这几年来，几乎每年都存在价格上涨或销售限制等黄油短缺的问题，原因就在于买方垄断。

生乳加工量并未减少，单单黄油出现短缺，其原因之一是奶酪补贴。农林水产省为了增加国产奶酪，于2011年以后根据《生乳供给安定对策事业》对奶酪制造商和养殖场发放50%的补贴。此外从2014年4月起用于制造奶酪的生乳按每升15.41日元发放补贴。因为这其中产量最大的有52吨之多，所以生产商优先将加工奶用于奶酪生产（截至同年9月的半年间比前一年增加4%以上）。也就是说为了获得补贴大量生产奶酪导致黄油供应缺乏，最后农林水产省决定紧急进口黄油。

黄油进口业务由农畜产业振兴机构垄断，制定了特殊的关税税率制度，该机构考察国内需求和价格变动，有权决定进口黄油的数量与日期等等，而且只有农畜产业振兴机构指定的进口商才有资格参与黄油的投标。

黄油进口商从农畜产业振兴机构采购黄油，并追加进口盈余（由农林水产省大臣制定标准，不超过806日元/kg）一并支付给该机构，其结果是，进口1kg黄油（国际价格为400日元），还须缴纳相应税费（关税税率为29.8%，再加上179日元/kg）以及进口盈余806日元，共计1504日元，相当于国际价格的3倍以上。2012年度黄油进口量为4000吨，该机构收取的进口盈余约为23亿日元（用于农场扩大再生产），2014年开展紧急进口，进口量1.3万吨，2015年黄油供给将达到6.48万吨左右、需求将达到7.47万吨，将出现明显供不应求的状态。

未呈减少趋势的加工用生乳产量

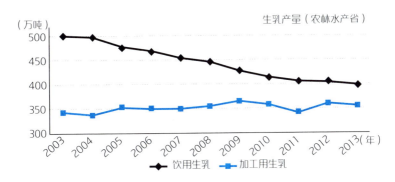

400 日元/kg 的进口黄油价格达到 1504 日元/kg

黄油市场的垄断结构

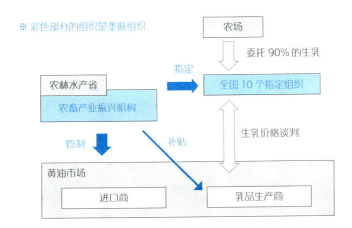

垄断竞争市场 1 — 差异化带来垄断实力与竞争

现实生活中的市场大多是兼具完全竞争市场和垄断市场两种性质的市场组织形式，代表性的例子就是垄断竞争市场。

大型商场内的美食广场开着各种形形色色的店铺，有中餐、意大利面、乌冬面、荞麦面、汉堡包、比萨等数不胜数。在这个市场，大家面对相同的顾客，同时各自出售的商品又有差别，价格也由各个店铺自行决定。我们将这样一种市场叫作垄断竞争市场，它所具有的特征如下：

1. 很多的竞争对手

面对相同的顾客，而且存在很多企业。市场上五花八门的服装专卖店，大型美食广场，人气超好的海滨度假村内有各式各样的酒店。

2. 进入与退出市场自由

卖家进入与退出市场自由，随时都可以进出。某家店铺的夏威夷煎饼人气颇佳时，就会有其他店铺看准利润加入这一市场。预计难以长期赢利时就退出某个市场。

3. 差异化

差异化是垄断竞争市场的核心部分。饮食店有日餐、中餐、西餐等不同的分类，各种店铺都能提供品种丰富的菜单，这有着垄断的意思，卖方可以在某种程度上自由决定所销售商品的价格。

餐厅的多样化，服装店在年龄、性别、销售品种方面的差异化，汽车生产商在车型、店铺地段、品质、服务内容等方面迎合消费者的喜好，推出与其他商家不同的适合消费者喜好的产品，以此形成丰富多彩的市场。

垄断竞争市场

(1) 很多的竞争对手	存在许多企业,且所争取的顾客都相同
(2) 进入与退出	任何时候都能进入或退出市场
(3) 商品差异化	市场不同种类的商品,是价格制造者
①款式与类型	饮食店、服装店、鞋店、汽车、书籍……
②材质	加油站、干洗店、理发店……
③质量	包、自行车、衬衫、手表………

	完全竞争市场	垄断竞争市场	垄断市场
价格制造者	×	○	○
价格	价格等于边际成本	价格大于边际成本	价格大于边际成本
总剩余最大化	○	×	×
企业数	许多	许多	1

差异化

咖啡连锁店		商品的差异化		
↑ 与其他店的不同 ↓	星巴克咖啡	豆浆拿铁	星冰乐	…
	塔利咖啡	巧克力拿铁	宇治抹茶拿铁	…
	Komeda 咖啡店	蜂蜜冰咖啡	冰激凌咖啡	…
	罗多伦咖啡	马龙拿铁	大麦拿铁	…

新店加入

美国人气咖啡店蓝瓶咖啡馆登陆日本

2014年,蓝瓶咖啡馆在旧金山、纽约、洛杉矶三大都市圈开设了14家店铺,蓝瓶咖啡始终追求咖啡的口感,咖啡豆经过严格筛选、焙烧,且只使用焙烧48小时以内的咖啡豆。所有店铺均使用本店烘焙的咖啡豆,一杯一杯为顾客量身定做。

(摘自《时尚新闻》,2015-03-07)

扫地机器人市场和差异化

美国 iRobot 公司 2002 年发售机器人 Roomba 以后,其他公司不断加入这一市场致使市场规模不断扩大。由最初的圆盘形机器人,增加到字母 D 形、三角形等形状各异、性能多样的产品。

iRobot 公司　圆盘形　　　　　福维克公司　字母 D 形　　　　　松下　三角形

差异化

差异化

垄断竞争市场 2 | 广告效应和品牌战略打造差异化

企业通过营销使自己公司的产品与众不同，代表性的营销工具有广告和品牌管理。

1. 广告

马铃薯农户没有必要在电视上打广告，但是从罐装咖啡到智能手机、从汽车到住房和建筑公司，无不想方设法打广告。能够登广告说明这家企业拥有一定程度的市场支配能力，生产这些产品的企业不同于其他企业，它们将更优良的产品推荐给消费者。有时甚至花费几亿日元邀请国外著名演员为其代言。企业花费了多少资金就表明它取得了多大成功，它对自己产品的质量有多自信。

2. 名牌

快餐、咖啡店、连锁酒店、百货店等以品牌命名无形中将它的商品和服务与其他的区分开来了。以名牌命名的商品无形中给消费者一种不一样的感觉，像可口可乐这样的名牌对于企业来说本身就是一种最大的资产。

超市和药店等如果拥有某种名牌商品，那么即使品质与其他商品相同，其价格也会比较高。旅行者来到一个陌生超市时，他们一般不会选择不清楚价格、服务水平的个体餐饮店或酒店，而会首选自身熟悉的连锁店，因为品牌名称传达了商品和服务的信息。

此外，品牌名称保证了其产品品质和声誉。拥有品牌的企业会想办法和顾客建立长期持续的商业关系，因为差评会给企业带来广泛性、长期性的伤害。

网络广告超过报纸广告

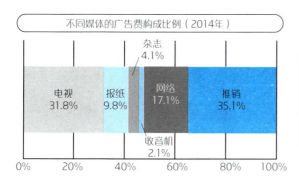

（摘自电通《2014年日本的广告费》）

品牌价值超过14万亿日元的苹果公司

广告带来的高人气与高知名度与商品品牌直接关联

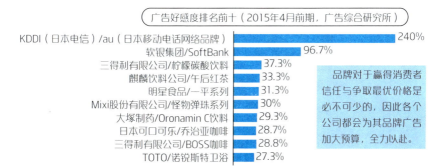

| 市场失灵 1 | 政府的必要性（1）：不完全竞争市场 | 让市场任由市场机制主导会造成经济效率低下的问题，我们将这种现象称为市场失灵。在这种情况下，政府必须介入市场。

市场是尽量不浪费、最大效率地配置有限的资源，其目的是带来最大的效率，也就是做最大的蛋糕。但是，有时候在某种条件下并不能达到资源的优化配置，这就叫市场失灵，垄断市场就是其中之一。市场失灵时，政府必须干预市场。作为"看得见的手"，政府是不可或缺的。

市场失灵的典型事例

① 不完全竞争市场（垄断市场等）

② 外部性（外部不经济）

③ 信息不对称

④ 公共产品

⑤ 公共资源

1. 不完全竞争市场（垄断市场等）

关于垄断市场的非效率性我们在前面已经讨论过了。垄断企业导致消费者剩余、经济效率低下，因此几乎所有国家都限制垄断企业的行为，比如日本颁布了《反垄断法》，美国颁布了《反托拉斯法》。

2. 外部性（外部不经济）

外部性是指某个市场的经济活动给予该市场毫无关系的第三方带来影响。积极的影响叫外部经济，不积极的影响（公害等）叫外部不经济。

市场有效和市场失灵

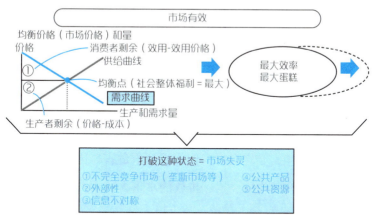

不完全竞争市场事例和反垄断法

日本公平贸易委员会（JFTC）严禁限制引航员的自由竞争

针对东京湾引航员协会限制搭载在船舶内、从旁帮助指引航路、到岸的引航员（引水员）的自由活动，日本公平贸易委员会以疑似违反《反垄断法》为由，向东京湾引航员协会发出禁止令，禁止其限制会员自主缔约。东京湾引航员协会要求协会内的引航员轮流上岗，引航员收入按人头分配，没有任何收入差，这样的行为导致自由竞争受限。

（摘自《读卖新闻》，2014-04-15）

美国《反托拉斯法》的组成

谢尔曼反托拉斯法	卡特尔 垄断行为
克林顿反托拉斯法	价格歧视 企业整合（并购）
美国联邦贸易委员会（FTC）法	不公平的竞争手段 欺瞒行为

外部性的优点和缺点

积极＝外部经济	・将大豆或香蕉的健康效果通过电视荧屏播放，商品的销售额就会增加且售罄 ・开设新车站可以带动车站前的商店、不动产行业的发展
消极＝外部不经济	・大气污染 ・新公路开通带来的噪声污染 ・公寓建设侵害居民的采光权

市场失灵 2 — 政府的必要性（2）：外部不经济和公害问题

外部不经济的典型例子就是公害问题。即使是日本，在经济快速成长时期也产生了四大公害问题，广大的日本人民因此深受其害。

公害一旦发生，必定会对人们产生严重危害。比如，工厂烟囱排出的烟雾中含有有毒物质、工厂排放的水里含有汞，一旦受污染的鱼类和水被人类食用/饮用，后果不堪设想。

由于公害而蒙受健康损失的人们所负担的成本（即损害）就叫作外部成本。污染处理费、实际的医疗费与医药用品、医疗人员的劳动时间、受害人的住院时间等，都是资源的浪费。

从根本来说，企业不得不将清除有毒物质或有机物质的成本加入到产品的价格中。比如某个产品的价格是 5000 日元，其制造成本（内部成本）只有 3000 日元。这家企业在生产过程中将污水排入河流中，市政当局组织净化这些河水相当于每个产品又花费了 1000 日元，对企业来说，这 1000 日元的环境污染治理费属于与自己产品无关的外部成本，所以不应该包含在制造成本里。据报告，与处理排放汞实际每年花费 1.23 亿日元相比，水俣病造成的损失每年高达 126.31 亿日元之多（地球环境经济研究会《日本的公害经验》，合同出版）。

在这些案例中，产品过度生产，企业必须承担污染费用，所以供给曲线可能变成下图中的 s_0，而企业不计算外部成本的供给曲线上供给量为 q_1，比原本的均衡量 q_0 要大。原本可以转移到其他产品或其他企业的社会资源（原材料和工作人员）、消费者的时间与医疗费用却被浪费了。

因此，必须将环境污染对策费这样的外部成本转化为企业内部的成本，也就是将污染治理费内部化。1973年日本成立《公害健康被害补偿法》规定，企业按照污染物质的排出量承担对受害人的补偿费用，政府将外部不经济引入企业生产活动中。

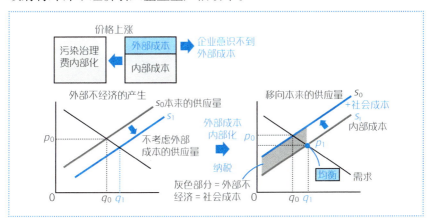

国外有城市对在市中心车流人流量大的道路上行驶的车辆收取拥堵费，以此整治交通拥堵和环境问题。因为道路拥堵，日本人损失的时间为人均每年40小时，全日本损失50亿小时，相当于280万人的劳动时间，用货币换算的话达到11万亿日元（国土交通省数据）。堵车时间占汽车行驶时间的40%，相当于欧美主要城市堵车时间的两倍，政府的介入将实现最适合的市场均衡，给日本经济带来莫大的好处。

国外城市的道路收费

（东京都环境局资料）

城市名	新加坡	伦敦	奥斯陆	首尔
开始时间	1998年	2003年	1990年	1996年
车辆削减成果	15%	乘用车30%	5%～10%	13.6%

道路收费是在特定的道路、地区和时间段针对汽车使用者扣款，以此缓和交通拥堵，改善大气质量。

市场失灵 3 政府的必要性（3）：信息不对称

此前介绍的内容其前提是，需求者和供应者共同且公平地拥有信息，但在现实生活中有时无法充分享有信息。

完全竞争市场的条件之一就是消费者和生产者都掌握了商品的信息。但是，生产者对自己提供的商品的内容有着非常详细的了解，这并不意味着消费者就一定明白。比如住房，从外观看住房十分宜居，但是质量到底如何，外行人很难判断。假如建设过程中偷工减料，消费者无从知晓，这样一来，消费者就难以安心购买房子。

因此，为了解决生产者和消费者的信息不对称，国家制定了相应的法律来规定抗震基准，以便让消费者能够放心购买房子。类似的，汽车等工业产品、医药用品、食品等方面的标准也是出于同样的目的。

服务也是如此。医师、药剂师都必须持有国家资格，这些资格能让消费者知道这个人是否具备真正的医疗技术、是否掌握了相关的药剂知识。如果没有规定的话，任何人都能开展医疗行为，那么消费者的权利肯定会受到侵害。同样，护士、税务会计师、注册会计师等执业都要取得相应资质。

生产者和消费者之间合同的签订也是以信息的不对称性为前提的，为了使买卖关系可以顺利解除，才建立起完备的法律体系。特定贸易法中的"冷却期"解约制度也是一个这样的例子。政府制定一系列制度来消除生产者和消费者之间信息的不对称，让市场交易能够顺利进行。

当然，对于那些违背这些规则、销售不合格的商品侵害消费者利益的人，政府会根据法律法规来对其进行罚款。政府设定各种标准及许可证制度以及损害赔偿制度等公共管制来干预市场，就是为了让市场机制顺利运转，让资源实现优化配置。

信息不对称的结构

房屋地基老化，地板也有些松动了，墙壁上甚至出现了裂缝，只是用布遮住了。

这是很好的房子，距离车站只有5分钟的步行路程。虽然建了30年，但装修完毕，里面和新建的一样。

销售者

这房子地段好，价格也便宜，房间看上去和新的没什么两样。买到它是赚到了！

消费者

政府消除信息不对称的职能

法律	建筑基本法　食品卫生法　保险业法　消费者合约法　特定贸易法
执业资格	医师　药剂师　护士　律师　税务会计师　注册会计师

适用"特定贸易法"的贸易

（1）上门销售（包括街头贩卖）
（2）信件销售
（3）电话销售
（4）多层次直销（所谓的多层次销售）
（5）持续提供特定服务（语言学校、补习学校等）
（6）提供业务指导式销售（评论员等）
（7）参观采购

> 特定贸易法主要以生产者和消费者之间存在信息的不对称、容易产生纠纷的贸易为对象。

消费者合同法

> 第一条　此法律是为了弥补消费者和经营者在之间在信息的质与量以及谈判能力方面的差距，当经营者的某些行为让消费者误解或是困惑时方便双方达成或者取消合约。
>
> ※ 画线部分是指信息不对称

市场失灵 4 — 政府的必要性（4）：公共产品

市场失灵的第四种表现就是公共产品。公共产品和私人产品不同，具有使用上的非竞争性和受益上的非排他性。

1. 公共产品的性质一：非竞争性

与具有竞争性的私有产品（请参考下页图中的 A）和 C 公共资源相对，D 公共产品不具有竞争性。任何人消费这种商品和服务都不会减少其他人的消费量。比如国防或者防洪等的设施或服务，一些人接受这些服务，另外一些人也可以完全相同地接受这些服务。这种性质就叫作非竞争性。

2. 公共产品的性质二：非排他性

属于 B 的俱乐部财物、准公共产品的收费电视、收费公路只有交了相应费用的人才能使用，排除其他人使用。这种排除不花费任何成本。公共产品一旦供应了，就不会根据是否花钱、花多少钱来排除其他人的使用。防洪工程一旦建造好，该地区的所有人都能够规避洪灾的风险，即使没有对这一工程支付费用的人也可以享受好处，这就叫非排他性。

拥有上述两种性质的产品和服务就是公共产品。国防、司法、警察等公共服务和普通道路、公园等都属于公共产品，这些都是民间企业无法提供的。

私有产品的需求曲线就如我们在前面讲过的，是所有需求量的总和，因此只需要横向相加。但公共产品不同，有人消费一次，其他人也同时消费同种产品，所以量是相同的。防洪堤、下水道供应了一次，附近居民也可以同样使用。因此，它的需求曲线是每个人支付的金额纵向相加。

根据有无竞争性和排他性来区分的四种产品

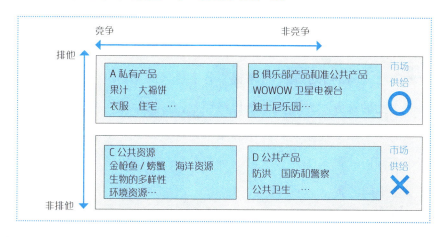

私有产品的需求——横向叠加

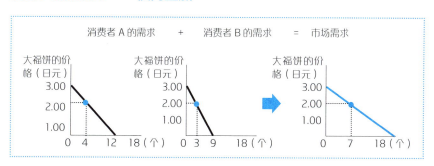

公共产品的需求——纵向叠加

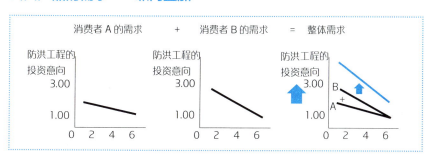

果汁等私有产品消费者可以根据自己的喜好，随意购买自己所需的数量，但是公共产品的数量只有一个，在这种情况下，如果防洪堤是由三家公司建造的，那么费用由这三家公司商量决定。以伦敦的泰晤士河的下水道工程来说，各个地区的人们应该向政府上报能够承受的服务费，以此做出价格调整，但实际现实生活中这是不可能的。从预防传染病、饮用健康水这一点来说，A地区和D地区都是相同的；但是即使接受同一种服务，每个人对该服务费的主观感受是不同的。

此外如果根据每个人上报的价格增加相应的负担，那么结果会鼓励大家上报低于实际利益的服务费。如果服务对象成千上万，那么就会有人依赖其他消费者而不告知自己对服务费的主观感受（费用越少越好），结果就有很多人家依赖其他的千家万户，这样上报政府的金额就会很少，总体需求曲线就会直线下降。

再者，随着时间的推移，未来家庭的居民结构发生变化，有人甚至会认为"我们家原本就不需要什么公共产品"，这个人的需求曲线即为零。因为大家接受着相同的服务，所以有些人就会想着免费乘车（认为这也是合理的），这就叫搭便车。国防、警察、公共卫生设备一旦供应，就无法避免这种搭便车行为，即使被免费使用，生产者对此束手无策，这也是民间企业家没有对英国泰晤士河铺设下水道的原因。这样一来，只能提供低于最佳供应量的公共产品，最后结果是形成了——有需要的人支付需要的费用——这样一种私有产品思维即市场机制，导致无法供应适量的公共产品。

防洪堤和泰晤士河下水道工程的例子

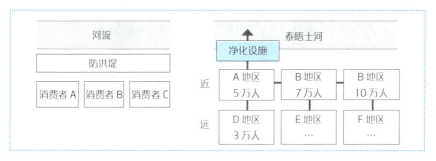

19世纪中叶,伦敦人口250万,是世界最大的城市。人们不断排放污染物,最后都流入了泰晤士河,致使河水恶臭难闻。再加上当时霍乱、斑疹伤寒等传染病暴发,环境极其恶劣,以致霍乱导致河岸居民的死亡率是其他地区的六倍,原因是居民只能饮用从泰晤士河汲取上来的水。

企业无力铺设下水道系统。1858年"大恶臭"事件发生,自此议会终于认同这一观点,同意开展下水道工程。这一工程于1865年竣工,此后整个城市的生活焕然一新。霍乱、伤寒也完全被消灭,伦敦市民平均寿命延长了20年。

(摘自克鲁格曼等《克鲁格曼微观经济学》,东洋经济新报社)

公共产品供应量低于最佳供应量的构造

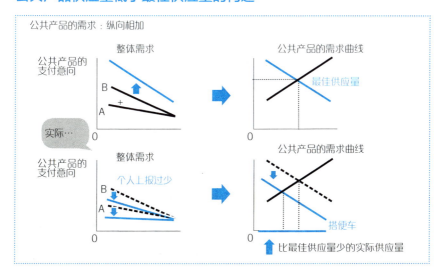

市场失灵 5 — 政府的必要性（5）：公共用地的悲剧

正如公共产品中出现了搭便车，公共资源也很难实现公平利用，混乱利用的事例屡见不鲜。

在圈地运动之前，英国的每个村都有公地。公地是没有设置栅栏的公共草场，谁都能够自由地放牧。放羊人追求私利，都抱着"及时捞一把"的心态，所以羊群数目越来越多。每个人都追求利益最大化，于是公地的牧草最终都枯竭了，这就是著名的公地悲剧。

谁都能够使用的资源，谁都想优先占用。17世纪的圈地运动就是将土地变成自己的私有财产，每个家庭都用篱笆将草场圈起来，最终消除了过度放牧。

这样的例子在现代也有不少。肯尼亚、坦桑尼亚、乌干达等国为了防止过度猎杀非洲象拔取象牙，设立了相关法律。但是过度猎杀减少的同时，大象数量也减少。而博茨瓦纳、马拉维、纳米比亚等国将大象作为私有财产，只要是自己所有，允许随意猎杀。于是大象所有者纷纷将大象保护起来，在这样的激励下，大象的数目才有所增加。

朝鲜和海地等国家的部分森林消失，一片片秃山裸露着，原因是当地居民们为了取暖、烹饪或作为商品过度砍伐树木。这是失败的案例。

公共资源私有化案例最初出现在澳大利亚，捕捞龙虾实行许可证制度。购买了这一许可证（2000年时价值2.1万美元）方可捕捞龙虾。此后，龙虾数量增加，渔民生活安定，这一制度今天仍受到广泛支持。

这种尝试诞生了 MSC 水产品认证制度（渔业可持续发展及其管理

体系），并且在 10 年间普及到全世界，最终实现了水产资源的可持续发展与生态系统的安全。

日本消费的金枪鱼占全世界消费量的 80% 左右，但是金枪鱼的产量却急剧减少，因为据水产综合研究中心的调查，2014 年出生的金枪鱼数量与前一年相比减少了 80%。

太平洋金枪鱼捕获量的变化

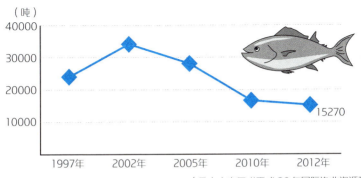

（日本水产厅《平成 26 年国际渔业资源现状》）

2014 年太平洋金枪鱼、2011 年大西洋金枪鱼被列入世界自然保护联盟（IUCN）红色名录内，该名录指定了存在灭绝危机的野生生物名单。今后，金枪鱼极有可能被列为第 17 次华盛顿公约缔约国大会（2016 年召开）指定的限制对象，该大会旨在限制灭绝濒危物种的世界交易。

2014 年 12 月，中西太平洋渔业委员会（WCPFT）年会召开，就 2015 年起金枪鱼幼鱼（未满 30kg）的年均渔获量减少到 2002～2004 年年均量的一半达成一致。这一举措的目的是制止过度捕捞，争取在今后的 10 年均将过去一度降到最低数量的金枪鱼数量增加 6 到 7 成。

收入的再分配 — 日本是最公平的国家！？

> 市场机制能够实现资源的优化配置，但未必一定公平。同时，政府对收入的再次分配就是讲究效率和公平的权衡取舍。

所得税加上其他税费的最高税率，无论在哪个国家都是采用累进税制，这样一来，日本和美国收入排名前10%的人承担了70%的所得税。

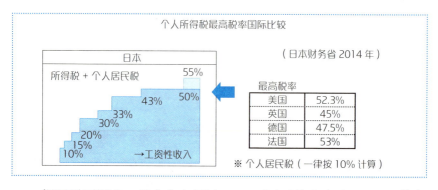

据国税厅调查，日本收入超过1000万日元的人占比10.4%，他们负担着所得税金额的72.6%。同样，在美国收入排名前10%的人负担着70.62%的所得税（2010年）。

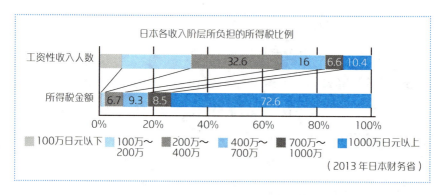

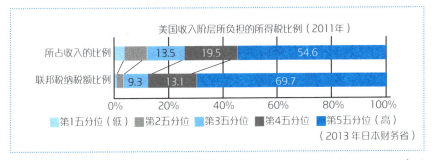

在美国，收入最高的阶层（家庭年收入113206美元以上，2008年）负担地方税以外的联邦税收的7成左右。

地方税和国税再加社会保障基金，日本国民负担的比率（与国民收入N1的比率）如下图所示。

在欧洲，国民收入N1的一半以上用作再分配开支。

下图就是收入的再分配结果，它所表示的是排名前1/10的高收入人群的总收入是排名前1/10的低收入人群的总收入的多少倍。在日本，收入差控制在4.5倍，是全球公平性最高的国家。

133

为什么下雨天很难打到出租车?

下雨天出租车总是不来……平日里出租车站台总有那么几台车停在那静静等候,可是一到下雨天需要坐出租车时就连影子都不见了。这种情况大概很多人都碰到过。

至于原因我想也许很多人会说"因为一到下雨,乘客数量(需求)增加,自然就很难打到出租车了",这种从需求量增加进行解释的想法很普遍,但实际上其中也有供给减少的因素,出租车司机收入提高,从而减少了劳动量。

可以列举的原因如下:

(1)出租车司机定好了当天的销售额目标,达到了目标就结束工作(美国加州理工学院卡默勒教授的观点)。比如,如果一天的销售额目标是5万日元,下雨天早早地达到了目标,所以提前结束工作。

(2)工作繁忙的日子虽然销售额大,但也比平时劳累些,所以少出车几个小时就回家休息(美国普林斯顿大学法玛教授观点)。因为天气好的日子,出租车等候的时间多,所以不太累。

同样,家庭主妇外出兼职也是如此,如果计时工资有所上涨的话就可以多获得一定收入,这样一来她们就不太愿意多做别的事情了。

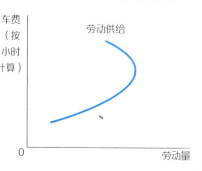

第四章

引入博弈论这一新视点

什么是博弈论？ 给传统经济学加入新视角

从这一章开始，我们探讨的经济学与传统经济学不同，它有着与传统经济学完全不同的视点，这些视点能够补充传统经济学，其中之一就是博弈论。

此前所做的市场分析——尤其是完全竞争市场和垄断市场，都是基于以下两点假设展开的。

> **传统经济学中的假设**
>
> （1）个人在所给的信息条件下独立做出意思决断，不考虑其他消费者和生产者的情况。
>
> （2）个人只考虑在合理且利己的前提下将自己的利益最大化。

的确，作为价格接受者，我们每个人无论是生产者还是消费者，在市场面前都太渺小，对市场完全不构成影响。就拿在超市买牛奶的消费者来说，他对其他消费者或者所买牛奶的生产者的情况完全不知情。

在这点上，买智能手机或药品时也一样，消费者完全不清楚智能手机的生产者以及原材料生产国等。即使对自己之外的人的情况完全不了解也没关系，消费者完全可以在合理的范围内将自己的利益（效用）最大化，在利己主义的驱使下考虑自己的利益。这就是我们之前分析的市场，也可以说是"一锤子买卖的匿名社会"，只是市场的一个小场景。

那么，是不是只有合理追求自己的利益（效用）最大化，自私地考虑自己的利益，所有的市场才能达到最佳状态呢？很遗憾，答案不是这样的。

让我们来看看轻型汽车市场。铃木公司会预估本田、大发的新车开发：本田会推出什么样的新型汽车来呢？如果是跑车，那么我们铃木是也推出同类型的还是推出完全不同的节能车呢?

另一方面,本田、大发也在预估铃木的战略。如果铃木设计出了适应恶劣路况的车型,那么大发是也推出这类汽车与之较量一番呢,还是推出面向假日休闲的超强承载量车型?

换句话说,铃木公司为了推测其他公司将要推出的车型,会假设其他公司预想到了自己的车型后做出的决定,然后根据他们的决定来决定自己公司要推出的车型。这样一来,个人在已有的信息的条件下,不考虑其他消费者或生产者的情况,独立做出意思决定的市场分析理论解决不了实际问题了,必须加上预测对方如何出牌,这就是博弈论。

轻型汽车的差异化——其他公司没有的车型

| 铃木 Hustler | 本田 S660 | 大发 Wake |
| 适应恶劣路况的 SUV | 跑车 | 超大空间 |

铃木修会长表示避开风险生产黄金汽车

——本田推出轻型汽车系列的跑车时,说:"轻型车是穷人坐的,跑车不需要这样。"

"嗯,是的……"

"本田和大发即使一种车型都不卖,也能作为业界标杆让别的厂家为其生产跑车。但我们公司没有这样的实力,所以即使只让生产一种车型,我们也会把它当成黄金来生产,就是这么一回事。"

——结果才有了畅销车 Hustler 的问世。

"这样年度汽车产生了,也就成了黄金般贵重的东西。"

(摘自《Fuji Sankei Business Eye》,2015-05-03)

传统经济学	博弈论
可以不用考虑其他市场主体	必须考虑其他对手
根据现有的信息做出决定	必须预测将要发生的情况

博弈论的三要素 | 预测对方出牌的市场

> 个人不考虑其他消费者和生产者等，在已有的信息条件下独立做出意思决定，这样无法实现资源的最优化配置。

实际生活中，每个人都只顾追求自己的利益，其结果往往造成相互之间的利益受损。比如前面介绍的类似金枪鱼这样的公共资源悲剧。每个国家或企业一味追求私人利益的话，将来总有一天他们会丧失自己的资源，陷入得不到任何利益的困境。地球环境问题也是如此，军事扩张竞争也不例外。第二次世界大战到20世纪80年代末，美国和苏联为了追求各自在军事上的优势地位，投入了巨额资金用于军事扩张，最终繁重的军费负担成为苏联解体的一个重要原因。

在劳动力市场、公共资源市场、军事扩张等这类存在其他对手的市场中，正因为各个主体合理地、利己地行动，所以才出现了均衡无法统一、达不到最佳均衡状态等问题。有时候明明采取的是最佳行动，最后结果却差强人意，所以我们不能只停留在传统经济学。在实际市场中，"一期一会的匿名市场"和"有对手且相互关联的市场"共生共存，对后一市场进行分析就是我们要讲述的博弈论。

博弈论的要点有三个，在现实的市场中，如何揣测出对手的出牌方式即预测也是非常重要的。

构成博弈论的要素有如下三点：参与人、策略以及利益。参与人是参与博弈的主体，除了个人以外，企业与国家这些组织也可以充当；策略也就是行动方案，每个参与人都有选择实际可行的完整的行动方案，也可以说是棋子；利益就是参与人通过博弈获得的好处，对于企业来说也就是利润，以利润最大化为目标展开行动。

传统经济学和博弈论的不同点

(1) 有多个均衡。
(2) 均衡点并非总是"最大效率=最大的蛋糕"。
(3) 自私的选择达不到最佳均衡点。

博弈论的三要点与三要素

	博弈论的要点	博弈论的构成要素
1	存在对手⇔匿名的完全竞争市场	参与人
2	根据对手的策略改变我方的选择	战略……洞穿对方手段的手段
3	对手和我方相互影响	利益……对企业而言是利润或份额

博弈论的三要素

参与人　存在具体的对手

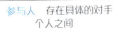

个人之间

 VS.

营业、价格谈判、
就业、跳槽……

企业之间

 VS.

企业之间的竞争与
合作、谈判、企业
并购、投标……

国家之间

 VS.

贸易谈判、货币谈判、
军事扩张竞争、环境
问题……

战略　对于企业而言就是价格竞争等

 牛肉盖饭
300日元！

 本店只需
290日元！

预测对手的策略的同时推
敲自己的策略。预测然后
想好应对方法……

利益　对于企业而言就是获得利润或市场份额。通过相互较量获得的利益请参考
下面一节的利益表。

囚徒困境 1

是保持沉默还是供出同伙？

囚徒困境是博弈论最具代表性的例子，合理地、利己地做出意思决定，以此来处理保持沉默和供出同伙都不合适的两难境地。

两名犯罪嫌疑人实施盗窃后被警方逮捕。在这个案件中证据确凿，两人都有罪，很可能被判两年牢狱之灾。只是警方怀疑这两个人还与其他抢劫案件有关联。

于是，警察将这两人分别关在两个独立的不能互通信息的房间，就抢劫案件对他们进行审讯，警方给出的条件如下所示。

- 如果两个人都保持沉默的话，那么以偷盗案件起诉两个人，并且两人都被判处两年有期徒刑。
- 如果两个人都坦白的话，那么两人都被判处10年有期徒刑。
- 如果你如实坦白，你的同伙保持沉默的话，那你只被判处1年有期徒刑，同伙会被判处15年有期徒刑。
- 如果同伙坦白，你却保持沉默，那么你被判15年有期徒刑，同伙只被判1年有期徒刑。

两个人都合理地追求自己的利益（效用）最大化，只是利己性地考虑自己的利益，他们不知道对方会不会保持沉默或者坦白一切，那么结果就是犯罪嫌疑人A和B都选择坦白，被判10年有期徒刑。

囚徒困境利益表

有期徒刑的年数用减号表示
（1）A和B都保持沉默时，A被判有期徒刑2年，B被判有期徒刑2年。
（2）A坦白、B保持沉默时，A被判有期徒刑1年，B被判有期徒刑15年。

实际的均衡

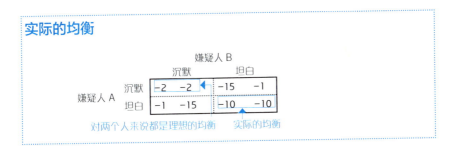

让我们来想想为什么会这样呢。首先我们站在嫌疑人 A 的立场来考虑嫌疑人 B 会采取的战略。

（1）和（2）两种情景对于 A 而言最好的选择都是"坦白"，像这样不管嫌疑人 B 是沉默还是坦白，对自己而言最有利的是坦白。

对嫌疑人 B 来说也是如此。不管嫌疑人 A 采取怎样的行动，对嫌疑人 B 而言最有利的是"坦白"。

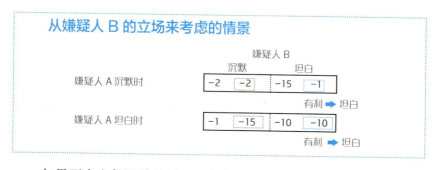

如果两个人都沉默的话，两者都只被判2年有期徒刑，这是最理想的行为。尽管如此，由于相互合理地、利己地采取行动，结果却不理想。这就是囚徒困境。

如果你是嫌疑人A，你会选择保持沉默吗？

这个选择伴随着极大的风险，因为如果B坦白的话，你就会被判15年有期徒刑，很明显10年比15年要好很多。其实作为结果来说，如果两个人都保持沉默是最有利的，尽管如此，每个人都只顾追求自己的利益，最后都受到损失。这样一种状态被博弈论的提倡者约翰·纳什称为纳什均衡。纳什均衡是指针对对方的战略，选择对双方最有利的行动。因为是对双方都最有利，所以只能是纳什均衡，不能跳出此范围。

这种囚徒困境的事例在现实世界中很常见，下面请看实际案例。

1. 公共用地的资源问题和地球环境问题

前面讲过的金枪鱼的过度捕捞导致资源枯竭的问题就属于这一类。当日本食品热潮延伸到世界范围时，金枪鱼的过度捕捞问题产生了。

为了获得更多利益，渔民会尽可能多地捕捞金枪鱼，但是过度捕捞导致了金枪鱼实际资源的减少。如果只有自己国家限制渔获量，而其他国家不限制的话，那么限制渔获量的国家就会吃亏。即使对此进行管制，如果有人一味追求利益的话，资源枯竭还是不可避免。

地球环境问题也是如此，合理地、利己地优先考虑自己公司或自己国家的经济发展，地球环境就会恶化到不可收拾。

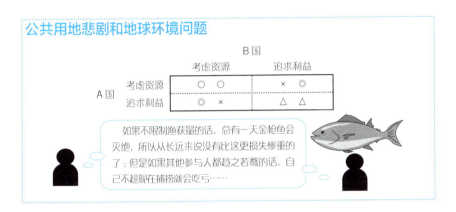

2. 军事扩张竞争

军事扩张竞争会导致军事费用负担增加。如果其他国家削减军事费用的话，对本国而言是有利的；如果其他国家军事扩张，自己国家不扩张就会输给它们。不管其他国家军事扩张与否，自己国家扩张肯定有好处。但是这样会导致军费负担加重，两国间的紧张加剧。

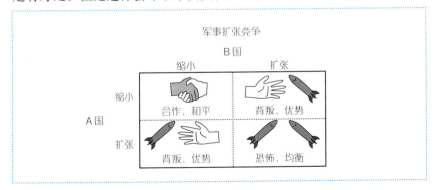

囚徒困境2 | 囚徒困境能否解决？

> 囚徒困境的解决办法就是合作，加强管制，建立一套激励机制，避免以处罚为荣。

1. 地球环境保护

应对全球变暖的策略是国际谈判，联合国于 2005 年 11 月 30 日开始召开《联合国气候变化框架公约》第 21 次缔约方会议（COP21）。1997 年《京都议定书》问世，但是作为全世界二氧化碳重要排放国的美国于 2011 年退出这一协定为减排制造了莫大障碍。今后希望能够制定出共同的减排规则，让所有国家参与节能减排行动。

2. 公共用地悲剧

金枪鱼资源这样的公共资源悲剧发生后，解决策略之一就是将公共资源私有化。类似这样的解决策略还有牛肉、猪肉等例子。

牛肉和猪肉私有化之后，对饲养户产生了激励，这样饲养户肯定会给牲畜喂饱饮料，不让它们变瘦。

此外禁止商业捕鲸，只允许科学捕鲸。鲸鱼和金枪鱼一样，属于公共资源。

3. 裁军谈判

1987 年美国和苏联达成了历史上第一个核裁军条约——《美苏两国消除中程和中短程导弹条约》（简称中导条约）；冷战结束后美俄之间又缔结了 START I（1991 年）、START II（1993 年）、新 START（2010 年）等削减战略武器条约，实际上美俄之间的核武器数量在不断减少。但在另一方面，在合法拥有核武器的国家和没有核武器的国家之间以及不合法拥有核武器的巴基斯坦、印度等国之间观点的对立，《全面禁止核试验条约》（CTBT）并未取得预想的成效。

全球变暖难以解决的"公共用地悲剧"

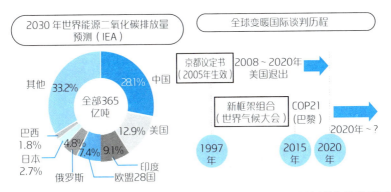

根据二氧化碳排放量预测,中美两国占全世界排放量的40%,这两个国家的作用举足轻重。

> **秋刀鱼渔获量由过去最低到保护资源减少26%**
>
> 　水产厅制定方针加强对秋刀鱼资源的管理,将2015年捕鱼期(2015年7月~2016年6月)的预期渔获量控制在26.4万吨,与前一年相比减少了26%。2000年以来渔获量一直在20万~35万吨之间,但2013年直降到14.8万吨。水产厅认为是日本周围秋刀鱼的洄游减少,与此同时,中国台湾等地区却在增加渔获量。
>
> （摘自《读卖新闻》,2015-05-12）

成功的美俄裁军谈判

(《世界国势图会(2014-2015)》)

寡头垄断市场中博弈论的出场

寡头垄断市场 1

> **寡**头垄断市场是卖方极少的市场,其结果是无论哪个卖方的行为都会对其他企业产生巨大的影响。

谈及少数企业对市场造成的影响就不能不说到博弈论,用博弈论能够清楚解释的典型例子就是寡头垄断市场。

寡头垄断市场下,各个企业能够在某种程度上控制供应量和价格,这时,自己公司的决定会给其他公司造成影响,其他公司的决策同样也会影响自己公司的决策。

本书前面讲过,完全竞争市场下A公司在追求利润最大化时与其他企业的行为毫无关系,B公司的供应量发生变化时,A公司的反应曲线是水平的[请参考第147页图(1)]。

寡头垄断企业对市场的支配作用大,能够控制市场供应量和价格。比如,B公司因为某种原因增加了商品的供应量,A公司则维持以往的供应量不变,如此一来,该商品整体供应量过多,价格相应下降。因为A公司的价格是利润最大的价格,所以A公司意图减少生产量来应对降价[请参考第147页图(2)]。B公司的供应量增加到②′时,A公司的供给量变成①′,反应曲线图形向右下方倾斜。由此可见,以保持价格为目的的寡头垄断市场中两个公司之间属于相互依存的关系。

下页中所举的例子是寡头垄断市场及其中拥有较大市场份额的企业。这里列举的企业都是一些知名企业,知名的理由是这些企业经常出现在广告中。其实这不是偶然的,而是因为寡头垄断企业之间开展的并不是价格竞争,而是广告与宣传、质量和设计方面的非价格竞争。

寡头垄断市场下企业之间存在相互依存的关系

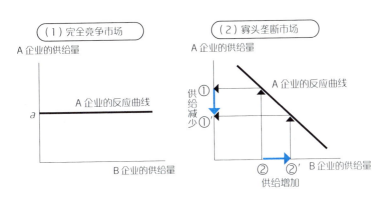

现实中的寡头垄断市场

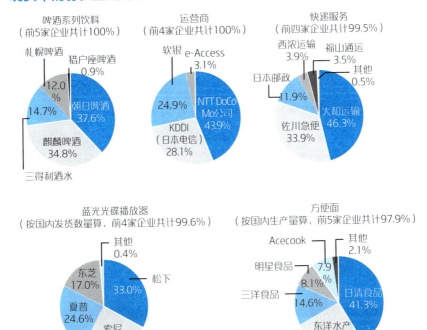

（摘自《日经产业新闻》，2014-07-28，《日经 Share 调查 2014 年版》日本经济新闻出版社）

寡头垄断市场 2 — 寡头垄断企业能否相互维持高价？

少数企业利用博弈论洞察对方企业策略的同时开展本公司的行动，这里让我们一起来分析寡头垄断市场。

为了更好地理解寡头垄断市场，这里我们从最简单的寡头垄断形态来考虑，也就是双寡头垄断这种两个供应商掌控垄断局面的情况（三家以上的垄断归根结底跟双寡头垄断相同）。

例如，我们想象一下十字路口面对面的两家加油站。

首先我们站在 A 公司的立场来考虑，假设目前 A 公司和 B 公司都以每升 130 日元的价格出售汽油，如果 A 公司将价格降到 128 日元每升，那么毫无疑问 A 公司会抢走 B 公司的顾客，提高自己的利润。

与之相对，如果 B 公司也效仿 A 公司降低价格，这样一来，A 公司将降价纳入战略、B 公司也同样将降价作为可以选择的机会，这样对于 A、B 两个公司来说达到纳什均衡就意味着低价，利润也会比维持高价时减少不少。

前面所讲的囚徒困境的解决办法就是与警方合作。而对于寡头垄断企业来说，可以就生产和价格进行协商或洽谈，甚至是通过卡特尔这种企业联合的方式来解决。由于参与洽谈的商家比较少，无须花费太多成本就可能达成一致。现实中的垄断就属于这种情况，所以它和前面的垄断企业的分析并无不同。

像这样双方合作的话，双方都能得到想要的结果，但多在数情况下这是不可能实现的。作为一种垄断组织，卡特尔是被法律所禁止的。

第四章 引入博弈论这一新视点

两家加油站之间的价格竞争

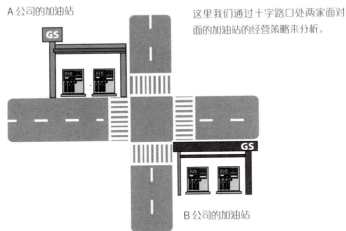

这里我们通过十字路口处两家面对面的加油站的经营策略来分析。

价格竞争的结果

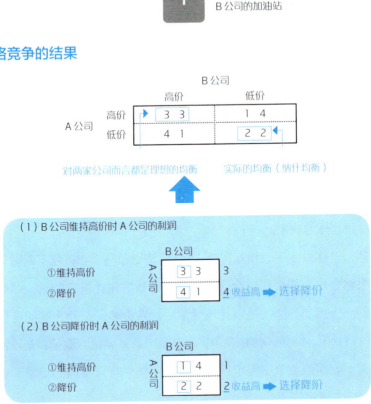

合作的实现：针锋相对策略

合作关系 1

对于企业来说，最想避免的无非是价格竞争，即使是寡头垄断市场，巧妙地避免价格竞争也是企业应该思考的战略。

寡头垄断企业是不是也会卷入价格竞争呢？实际上寡头垄断企业不会开展价格竞争。这样的例子有很多，如自动售货机里的饮料、方便面、酒精饮料乃至汽车的价格。

囚徒困境之所以成为困境是因为双方都会想"万一对方背叛自己……"，所以无法做出"保持沉默"这样的最佳选择。这个游戏反复试验的话，被试验人可能会采取"对方背叛的话自己也可以反驳"这样的策略。这样就会产生一种信赖关系，如此反复进行这个游戏的话，囚徒之间的合作关系就会达到纳什均衡。

囚徒困境在过去是个一次性游戏，寡头垄断企业之间的游戏却不只限一次，它是和相同的对手反复进行游戏，并且打算将生意持续好些年。聪明的寡头垄断企业不会只考虑眼前利益，它会采取长期性的策略，制定游戏的长远战略。如此一来就出现了结成卡特尔公司或者签订协议这样的现象。

因为这样做才不会相互背叛。背叛（降低价格）和报复不断循环。"如果你合作，那么我也会合作；反之，如果你背叛我的话，那今后我会提高警惕。"这就是以牙还牙游戏。寡头垄断企业之间的竞争并非是价格竞争，而是非价格竞争，也就是产品差异化的竞争，是设计、新功能等方面的竞争。为了在消费者当中树立与众不同的形象，就必须进行广告或宣传活动。

报纸订阅费比较

（一个月、早晚刊组合、东京地区、含税）料

	1980年	1986年	1993年	2004年	2015年
《读卖新闻》	2600日元	2800日元	3850日元	3925日元	4037日元
《朝日新闻》	2600日元	2800日元	3850日元	3925日元	4037日元
《每日新闻》	2600日元	2800日元	3850日元	3925日元	4037日元

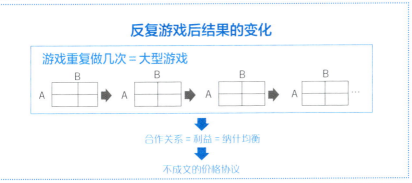

某个产业的几家公司在生产和销售方面占据整个产业大半部分的供给量的状态就叫寡头垄断。寡头垄断状态下价格呈现固定趋势，因此寡头垄断更加强势。即使价格有变化，多数情况下也不会往下降（价格抗跌）。在寡头垄断市场下，价格领导者设定了能够保证一定利润的价格，其他企业也会跟从这一价格，这叫作管理价格。寡头垄断市场下的企业之间固定了价格，大多倾向于在商品质量或设计、广告或宣传等价格之外的方面展开竞争（非价格竞争）。

（摘自《现代社会》，东京书籍社）

在各企业默许的情况下，价格领导者决定整个产业的价格，其他企业跟随这一价格，价格就以这样一种方式决定下来。合作与竞争并

存是寡头垄断企业的特征,就像之前介绍的轻型汽车市场也是寡头垄断市场的一个典型例子,各个汽车公司采取的都是合作和竞争并存的战略。它们一方面采取维持价格的战略,另一方面也采取差异化战略。各个企业就是建立在这种微妙的平衡之上的,简直可以说是配合默契。

啤酒产业的合作关系

> **麒麟啤酒销售部长的讲话**
>
> 如果只是麒麟降价的话,商品等级就会一落千丈。所以我们希望价格比其他公司高,而绝对不希望比它们低。况且如果本公司不提价,那么其他公司也不会提价,那么整个业界都会受难,都会憎恨我们麒麟,因为批发或零售的顾客都会转到竞争对手公司。
>
> (摘自《朝日新闻》,1970-10-15)

提价公布日

大瓶啤酒价格	1990年 300日元	1994年 330日元	1997年 332日元	2005年至今 开业价格
朝日啤酒	3月5日	4月18日	2月17日	现在仍是平均价格
麒麟啤酒	3月2日	4月12日	2月4日	
札幌啤酒	2月27日	4月19日	2月18日	
三得利啤酒	3月5日	4月19日	2月10日	

连生产商都容忍"烧酎Highball"增税!?

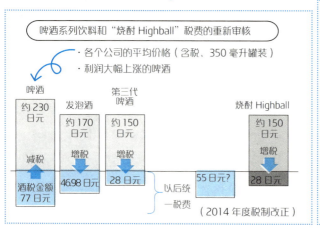

向低价倾向踩刹车

政府以及执政党探讨"烧酎Highball"增税问题,在那些酒类大型公司中,有些对一定程度的增税表示认可,这些大型公司的管理层认为啤酒行业盈利较好,将需求转向"烧酎Highball"并非本意。

(摘自《读卖新闻》,2015-05-11)

轻型汽车产业的合作与竞争关系

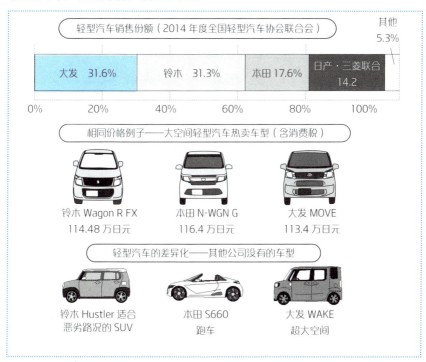

避开价格竞争开展品牌竞争

名牌产品即使价格昂贵也是有销路的。对于想尽办法避开价格竞争的寡头垄断企业来说,竞争意味着新性能以及设计方面的附加价值、品牌影响力之间的较量。每个公司为了提高自己的品牌影响力,不惜花费巨资用于广告宣传。

合作关系 2 — 合作与竞争：囚徒困境的解决之法

现实世界是一个合作与竞争并存的世界，是建立在这两种看上去截然相反的关系平衡之上的世界。那么竞争与合作关系产生的背景是什么呢？

合作和竞争在时尚界同样存在。

国际流行色委员会（International Fashion Color Committee）是世界上唯一一个选择国际流行颜色的机构，截至2015年1月世界上共有15个国家加盟这一组织。各个国家都向这一机构提名颜色，并在当季来临的大约2年前的6月选出春夏两季的流行颜色，12月则选出秋冬两季的流行颜色。每年该机构都会人为创造流行，向消费者宣传不要落在时尚后头。每个企业则以国际流行色委员会指定的颜色为蓝本，进行差异化时尚设计来参与竞争。

军事方面也是合作与竞争并存。冷战时期，美国和苏联纷纷为自己的盟国提供资金或军事装备，甚至将本国军队派到盟国，比如越南战争和阿富汗冲突。但是美苏绝对不会发生正面冲突，只是开展远离国土的代理战争。当今世界个别地区的政治问题让相应国家很是棘手，但这些国家的军工企业仍在这些地区销售武器。

常规军备的出口和进口国 （2009～2013年总额，1333亿美元）

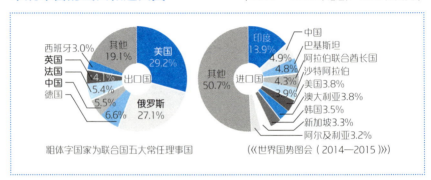

粗体字国家为联合国五大常任理事国　　（《世界国势图会（2014—2015）》）

为了克服囚徒困境，可以采取合作的方式。方法之一就是协商并签订合约，还有一种方法就是建立长期关系。

（1）协商、合约的例子有环境问题、裁军问题、避免公共资源悲剧的国际会议等。这种情况下，为了让当事人坚守合约，必须附有惩罚规则以进行约束。追名逐利捞到的好处多，这种激励总是驱使着人们，所以为了防止一方擅自撕毁合约必须设立相应的合约内容以及惩罚规则。

（2）建立长期关系对于国家之间、企业之间、个人之间，无论什么样的参与人都是相同的。它不是一次性的游戏，可以形象地比喻成反复做一个游戏就变成了大游戏，所以就会有这样一种激励起作用——不背叛朋友才对自己有利。JR（日本国铁）和各私营铁路公司之间、同一地区的同行业者之间的这种寡头垄断企业关系也是如此。做买卖等建立在个人信赖关系之上的交易也是其中一例。

由此，博弈论说明了一点——通过市场竞争实现资源的最优化配置当然是最理想的状态，但仅凭这种市场机制，显然并不奏效。现在的经济学告诉我们：必须设计制度来给予激励。

克服囚徒困境

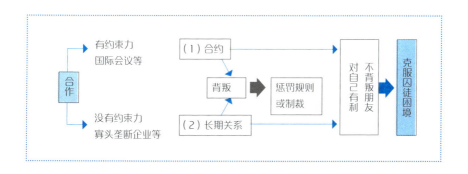

宽大制度 | 利用囚徒困境将恶意串通大白于天下

为了防止恶意串通或企业结盟,各国政府都意图通过创造囚徒困境来查处企业的非法行为。

各国政府意图通过制造囚徒困境这样的状态查处企业的违法行为,这就是这里要讲的罚金减免(宽大)制度,它是一种推动企业自己主动坦白违法交易的制度。

日本公平贸易委员会对那些有过恶意串通、企业结盟等违法行为的企业处以罚款,2013年处理50件,罚款额高达302亿日元。在公平贸易委员会开始调查之前第一个主动承认参加过恶意串通或企业结盟的企业可以全额免除罚款,并且不会被提起刑事诉讼。第二个坦白的企业免除50%的罚款,第三个坦白的企业则免除30%的罚款。时间按照递交写有违反内容的报告的时点计算;为了避免同时递交的尴尬情况,规定只能使用传真递交。

这一制度对企业来说是一种十分震撼的体系,而且已经收到了实际成效。

久保田等7家谷物设备串通投标 被罚11亿日元

由于农业协会等围绕谷物储藏管理设备的多次串通投标,日本公平贸易委员会针对久保田以及井关农机等7家公司违反《反垄断法》做出了勒令其缴纳几千万日元罚款的决定。日本车辆制造株式会社也参与了串通投标,但由于该公司主动坦白了这一事件,所以根据罚金减免制度(宽大制度),罚款会予以减免。

(摘自《日本经济新闻》,2015-03-03)

软硬兼施,世界的竞争政策

日本和欧洲共4家公司在汽车船舶出口的货物运费方面结成了价格卡特尔,日本公平贸易委员会于去年春天开出总额高达227亿日元的罚款单。其中商船三井公司向公平贸易委员会承认曾瞒着其他公司进行过卡特尔行为,因此三井公司的罚金被免除。

每个国家应对这些违反反垄断法的企业都是推动其第一时间自首,以求减免罪责。这种方法与前所未有的严厉制裁相结合的软硬兼施使得违法企业无处可逃。

(摘自《日本经济新闻》,2015-02-16)

罚款减免（宽大）制度

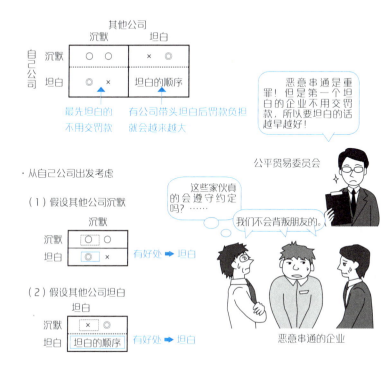

各国防止企业结盟取得的成果

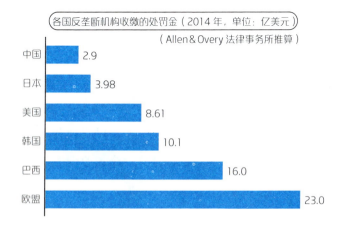

合作博弈 1 — 与对手同步，实现利益最大化

协 调的意思是同步、调整，在合作博弈中通过相互调整获得利益。

在大城市乘坐扶梯时，都有着将电梯的一侧空出来的习惯。在日本的关东地区，人们习惯将电梯右侧空出来，而在关西则是将电梯左侧空出来。至于空出哪一侧这个问题，不同的地区答案就会不同。

这一电梯使用规则如下页第二幅图所示，当你和周围其他人选择一致时，得分就高，周围人选择左侧你也选择左侧，周围人选择右侧你也选择右侧才是最适合的，这样可以存在好几个均衡点。

乘坐扶梯时选择站立位置不需要特殊的理由，因为到底选择哪一侧时我们的想法很简单，就是"因为大家都站在那一侧"。如果地区相同，那么我们能够预计出其他人要站哪一侧。

对于自己的得分，最重要的就是和大家保持一致。与大家行为一致的话，利益就会最大化。比如，关西人只要有一个人改变行为，那这个人就会吃亏，不是被别人撞，就是受别人气。这样的话得分就会从2降到0。

这些行为的均衡点就是纳什均衡，也就是针对对方的战略，自己选择对双方都有利的行动。对大家都好就达成了纳什均衡，这样才能融入社会，融入社会以后这种均衡状态就不容易改变。这样与其他人保持一致的这种安定状态就固定下来了。这种融入社会的稳定形式导致纳什均衡的可能性极大，它表示即便你一个人改变战略，你也没有任何好处。

大家相互猜测别人的战略，达成一致才能获得最大利益。

扶梯的站立位置和合作博弈

关东模式

关西模式

乘坐扶梯时关东人习惯腾出右侧，而关西人习惯腾出左侧。在伦敦、纽约、巴黎，乘客站在右侧；澳大利亚则大多站在左侧。伦敦地铁里贴着"请右侧站立！"的标志。让出一侧是为了方便赶时间的人快速通行；而日本电梯协会为了确保安全，禁止乘客在电梯上步行。

电梯上的站立位置

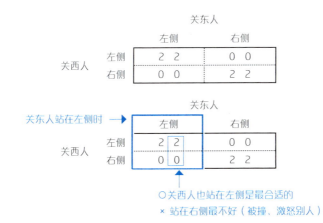

○ 关西人也站在左侧是最合适的
× 站在右侧最不好（被撞，激怒别人）

> 合作博弈中最适合的行为就是采取和别人相同的行为。它的标准并不是"谁正确谁就是好的"，而是"大家都这样做"。与别人一致的行为才对自己有好处。

合作博弈 2 — 灾害发生时的抢夺行为不是因为社会未开化

合作博弈分为极少数人参与和多数人参与两种。

设定一个场景：周末约会，男方有意去听音乐会，而女方却更想看电影（参见下图）。如果两人各玩各的，势必会不开心，所以得分为0。如果女方妥协，陪男方去听音乐会，那么女方加1分。同样如果男方妥协，陪女方去看电影，那么男方加1分。这样也许双方都会有点小情绪，但起码比各玩各的开心多了。

案例：极少人数参与

这种情侣约会的博弈只有两个人参加，所以行动协调起来很简单。两个人通过协商或者划拳就可以决定下次约会去哪儿，以此弥补这次约会希望落空的一方，从而能够达到平衡。

但是，参与人数越多就越难协调行动。在日本，即使是东日本大地震这样的灾难时期，依旧能看到避难场所的人们井然有序地领取救援物资，没有丝毫混乱。紧急情况出现时，公共交通的运行同样有条不紊。与此形成鲜明对比，在日本之外的许多国家大都能看到灾民哄抢救灾物资的报道。

为日本无哄抢现象点赞　地震灾害中的阿根廷媒体

为什么日本不会出现哄抢现象？南美洲阿根廷的权威报纸《民族报》(电子版)(2011年3月)报道了东日本地震灾害中灾民行动有序的场景，这条新闻令世人吃惊不已。

据该报社驻日本茨城县的特派员描述，即使只有很少的食物供给，日本灾民们也会耐心排队领取。他们把"没办法"和"忍耐"这两句话铭记于心，这就是日本人坚韧性格的写照。

（共同通讯社，2011-03-16 摘要）

尼泊尔的灾民们朝着救灾物资蜂拥而上

(2015年5月)2日，在尼泊尔中部接近震源的廓尔喀部落的一个村子里，灾民们疯抢印度军用直升机投下的救灾物资。

（时事通讯社，2015-05-02 摘要）

海地贫民窟的居民哄抢救援物资

位于海地首都太子港的一个名为太阳城的贫民窟，灾民们甚至千方百计冲入那些发放救灾物资的警察局。

（AFP通讯社，2010-01-27 摘要）

这样的行为并非到处如此。在土耳其以及印度尼西亚，即便发生灾害，人们依旧行动有序。但即使是发达国家，如2005年8月美国路易斯安那州的飓风灾害中，也出现了抢夺物资和暴行等不良行为。所以灾害中的混乱问题并非发达国家与发展中国家的问题。

这种行为的得分表如下页图所示。从战略上来说，无论哪国居民，当他在日本受灾时都能很好地排队；而一旦他处在日本之外的国土，并看到有人哄抢救灾物资时，那么即便是日本人也会选择蜂拥而上，因为这样才对他有利。

比如，即使是一个有受灾哄抢经历的外国人，当他在日本遇到地震灾害时，他自然会明白排队才能加分，乱抢只会招来各种麻烦。

在日本，阪神淡路大地震以及东日本大地震等灾害为民众提供了经验，所以一般都能预测到民众的反应。这种预测便会告诉人们"这样做比较好"。

相反，如果是在别的国家受灾，当看到其他人疯狂抢夺救灾品时，即使是日本人也会"争先恐后"的。因为这个国家没有先例可循，所以外国人难以预测该如何做。在无法预知的情况下只有你一个人排队这种行为本来就不可取，所以得分为零。

正因为各个主体按照各自合理的、利己的想法行动，所以无法协调行动，不能达成最佳的均衡状态。

合理性＋对方正确的预测＝纳什均衡

无论哪种情况，即使从"日本人的国民性""发展中国家如何如何"这些伦理层面进行批判，纳什均衡点还是不会起作用。一个人特立独行是很困难的(请回想一下之前讲过的宽严相济体系、泡沫经济)。像这样实现了纳什均衡,你才不容易被淘汰。

因为是日本人,所以才排队?

面对受灾时的救援物资

纳什均衡

(1) 在日本发生灾害时

➡ 排队有好处

外国人排队同样有好处

(2) 在国外灾区人们哄抢物资时

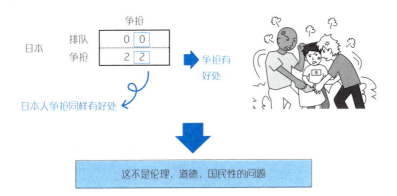

➡ 争抢有好处

日本人争抢同样有好处

⬇

这不是伦理、道德、国民性的问题

合作博弈 3 — 取胜标准化！激烈的标准化之争

> 某一规格、形式的东西占据着大部分市场份额，我们就将这种规格或形式称为标准化。

计算机操作系统市场的竞争有 Windows 对 Mac 的标准化竞争，而且这方面的例子有很多。顾客购买、使用软件时，一般倾向于选择普及性更广的软件，因为越是普及性广的软件，越便于共同操作、交换、相互联系。

因此，某个软件越是畅销，与之相关的软件、硬件就越容易弄到手，这叫普及之后更普及。像这样使用的人数越多，用户越容易从中获得想要的商品或服务，这就叫网络外部性。某些特定的企业能够在激烈竞争中一枝独秀就是这个原因。所有成员都使用 A（B）规格这一均衡实现后，难以预测哪个可以选择。可以选择的理由和扶梯的站立位置是一样的，无非是因为大家都这么选，和技术上的优势没有任何关系。因此企业会力争扩大用户范围，反复开展激烈的市场份额之争。

关于视频录制格式，就有以索尼为中心的蓝光阵营和以东芝为中心的 HD DVD 阵营之争，双方以推广各自的标准为目标，开展了长达 6 年之久的拉锯战。双方都想抢占大型电影公司以及家庭游戏机市场份额……最后，大多数电影公司选择蓝光，全球的下一代 DVD 标准为蓝光 DVD，至此标准化之争宣告终结。

标准化之争

		用户或企业	
		A 标准	B 标准
用户或企业	A 标准	2 2	0 0
	B 标准	0 0	2 2

纳什均衡

投资回报以及今后的利润：是否采用本公司的标准对于企业来说是个大问题。

笔记本电脑和智能手机操作系统标准

笔记本操作系统市场份额（2014 年 11 月，Ars Technical）
Windows 91.3%　其他
0%　20%　40%　60%　80%　100%

智能手机操作系统市场份额（2014 年 11 月，Ars Technical）
Android 79.4%　iOS 16.4%　其他
0%　20%　40%　60%　80%　100%

笔记本电脑的操作系统 90% 以上是 Windows 系统，智能手机将近 80% 使用的是 Android 系统。标准化的胜利者有垄断这一市场的倾向。

标准化之争的事例

	A 标准	B 标准
家庭用 VTR	VHS（家用录像系统）	Beta 版
手持摄影机	8mm	VHS-C
笔记本电脑	PC98	DOS/V
车载手机	NTT 系统	摩托罗拉系统
家庭游戏机	NES（任天堂娱乐系统）	MSX
下一代 DVD	蓝光	HD DVD

现在，电动汽车（EV）的快速充电就有三种标准之间的激烈竞争，它们分别是日本生产商的 CHAdeMO 方式，欧美生产商等 8 家公司的 Combo 方式以及美国电动汽车制造商特斯拉的超级充电方式。

比较制度分析 1

终身雇佣和年功序列都是合理的纳什均衡

博弈论形象地表现了终身雇佣、年功序列、企业内工会等日本特色雇佣习惯就是纳什均衡。

    博弈论表明了均衡可以有多个，到底选择哪个均衡则依赖于过去的经验，根据这些经验推测各个参与人的策略。博弈论证明了相同条件下不同类型的均衡也可以成立，这一点所带来的影响如同颠覆了经济学教科书。

    其最大的功劳之一是比较制度分析。即使是资本主义，它的形式也是多种多样的，其中日本特色的雇佣习惯——终身雇佣、年功序列、企业内工会……这些也是合理的纳什均衡，这一点已经被比较制度分析证明了。

    自古以来，日本特色的雇佣形式之所以特殊是因为它是建立在江户时代以来君主与家臣关系之上的日本传统，也有的说是因为重视长期性的信用关系的日本传统，还有的认为是日本独特的"和"的精神与长幼有序的国民性。

    但是，根据比较制度分析，这些观点能够成立是因为它有其合理的经济根据。在日本生活的话，就算是欧美人也会选择具有日本特色的雇佣方式以便对自己有好处，这就是纳什均衡。

    第一次世界大战前的日本基本上采用的是美国形式、正统的资本主义经济系统，20世纪30年代到40年代前半期，在战时经济发展过程中产生了日本特色经济系统的组成要素。在国家总动员体制这一背景下，日本实行了导致绝对劳动者不足的征兵制度以及国家管理劳动资源的征用制度。日本特色雇佣习惯是针对劳动力不足而产生的，因此这些战时体制组成的系统在战后仍旧作为纳什均衡保留了下来。

日本雇佣形式和美国雇佣形式哪个好?

美国形式	解雇和跳槽	按种类计算工资 按成果或职业能力计算工资	产业工会
日本形式	终身雇佣	年功序列薪资	企业内工会

日本文化?

一般来说,美国的雇佣形式是以解雇或跳槽频繁为前提,企业根据资格证书决定劳动者的待遇,劳动者为了能通过所有企业的招聘而努力学习掌握各种普通技能。另一方面,一直以来日本的雇佣形式则是以终身雇佣为前提构建年功序列薪金体系和企业内部独特的规则或习惯,重视仅限公司内部通用的特殊技能的培养。

		企业	
		日本雇佣方式	美国雇佣方式
劳动者	企业内部使用的特殊技能	2　2	0　0
	社会通用的普通技能	0　0	2　2

经济运行的种种 = 多个均衡 = 纳什均衡

二战前、战中、战后日本企业体系的变化

	战前	战中	战后
雇佣调整	流动性	变化 (劳动力严重不足)	终身雇佣
管理层内部 晋升概率	5.5%(1900年)	增加	47.8%(1962年)
资金供给	50%以上由证券集资 (截至1925年)	49.7%由民间金融机构 提供(1936~1940年)	81.2%由民间金融 机构提供(1966~ 1970年)
银行破产数量	43.5件 (1920~1932年平均)	7.8件 (1933~1945年平均)	0

	1916年	1947年
状态	从业人员不知情的情况下股票大 量流动、商业领袖不断变换	业务管理取决于 从业人员
所有权	股东所有	从业人员所有
管理者方针	公司分红、股票价格高	从业人员待遇第一
管理者不关注的领域	公司业绩的好坏	公司分红、股票价格

(摘自冈崎哲二等《现代日本经济体系的源流》,日本经济新闻社)

比较制度分析 2　与生活相匹配的日本雇佣体系

> 日本雇佣习惯是一套合情合理的体系，它的目的在于让员工掌握那些只在该公司内部有效且是该公司所特有的技能。

日本雇佣习惯的基础在于那些只在该企业内部有效且是该企业所特有的技能。它的反面当然是那些一般的通用技能，比如医师、注册会计师、MBA（工商管理硕士）等资格，以及系统工程师技术、英语考试等技能。这些都是通过教育可以掌握的，在任何职场都能使用，可以说是属于即战力（适应性强的战斗潜力）方面的技能。美国的企业基本上都是依靠这些技能，因此经营者和劳动者区别明显。英国和法国的阶级社会、德国的家长制度也是这样一种体系。

所谓企业特有的特殊技能是指在该企业内部通用的知识以及从前辈那里学来的知识。通俗来讲就是类似"这个议案应该征求A君的同意"之类的经验以及该企业独有的管理体系。

> 难以用言语、文章表达的知识统称为技能，进行生产活动所必需的知识、技术、经验等则是各个企业所独有的累积的东西。
>
> （摘自《中学社会——公民领域》，日本文教出版社）

企业特有的技能是学校学不到的，而且即使你跳槽到其他公司这些技能也不管用，它只有通过企业的OJT（在职培训）才能学到。大学里的4年对你来说可能只是个娱乐场所，但是之后你就得在企业教育下成长。只有掌握了企业特有的技能，你才能理解终身雇佣、年功序列、企业内工会这些日本特色的雇佣方式是怎样的恰到好处。

当然这也是个程度问题，并非绝对如此，只不过欧美国家更重视一般的通用技能，而日本注重企业特有的特殊技能。

企业独有的特殊技能 vs. 一般通用技能

企业独有的特殊技能（日本特色雇佣习惯）	一般或通用技能（欧美企业重视）
隐性知识	正规知识
手艺	手册
只在某个企业发挥作用的技能	资格证书和考试
文书文件的整理方法 私下沟通的方式、事前准备 企业特有的计算机管理系统	医师、护士、药剂师、临床化验师 英语考试、会计考试 托福、托业考试 系统工程师技术

日本的雇佣体系

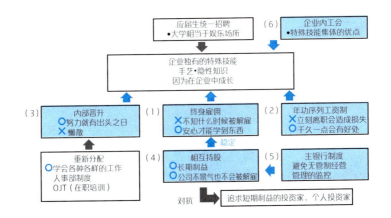

无论哪种雇佣习惯对其所在国家而言都是纳什均衡

日本式雇佣系统的终身雇佣、年功序列工资制、内部晋升都是为提高企业独有的特殊技能而设立的合理系统。

(1) 终身雇佣。为了让员工掌握那些只在本公司通行的技能而实行保障其终身不被公司解雇的权利。这样一来，员工就产生了努力学习企业独有技能的动力。相反，在那种不知什么时候可能被解雇的流动性大的雇佣关系下，即使你掌握了独有技能也有可能被解雇，所以大家便只掌握那些通用技能。只有将来有保障了员工才能安心接受在职培训，日本公司的人事制度为员工安排了各种学习，能够让员工体验各种各样的工作，这也是日本独有的体系。

(2) 年功序列工资制。如果随意解聘员工，对公司而言在职培训的成本就打水漂了，所以日本企业采取的是年功序列工资制。资历浅的工资低，中坚力量、资历越深工资越高。如此一来，员工年轻时辞职的话吃亏的是自己，在同一家公司工作得越久就越对自己有利。

(3) 内部晋升。日本企业拥有内部晋升这一职业系统。在欧美，管理者就是管理者，劳动者就劳动者，公司的管理者都是从其他公司招聘过来的，管理者们在各个企业之间跳来跳去。而日本不同，日本企业按资排辈，在这一范围内允许适度晋升，普通员工通过努力可以上升到管理层，这也就成了劳动者努力工作的原因。

(4) 相互持股。为了维持终身雇佣制，日本企业不会因为一时不景气而解雇员工。为了避免股东大会追究公司经营不善导致分红减少或股价下跌的责任，两个或多个上市公司分别持有对方或多方的股份，即相互持股。通过这种方式，企业不会只停留在短期业绩的发展层面上，而是能够从长远出发维持终身雇佣制等。日本经济发展鼎盛时期，曾有六大企业集团相互持股。

(5) 主银行制度。相互持股导致股票占用的资金不能自由调配，这样企业必然要依赖银行调配资金。因此，日本银行的融资功能不再显得那么重要，相反它作为企业的主银行，派遣职员进驻公司，监管企业经营状况。遇到企业业绩不振时，主银行会进行干预，让企业的员工面貌焕然一新，进行根本性的经营改革。虽然相互持股能够维持公司的发展，但是主银行制度使得经营者们必须对企业的经营管理负责，避免其不负责行为。

（6）企业内工会。企业内工会也是独特的日本式经营利器之一。在欧美，都是产业联合工会，汽车制造业的劳动者组成汽车行业工会，金属行业的劳动者组成金属行业工会，这种做法有利于打破企业壁垒，提高企业与企业之间的谈判能力。如果只是一般通用技能，那么即使企业内组织工会也无所谓谈判能力，因为企业可以从外面雇佣劳动者。而日本有所不同，因为企业的劳动者拥有该企业独有的特殊技能，所以只有将同一公司内的劳动者集中起来才能具备十分强大的谈判能力。

整体来说，日本式雇佣习惯是能够促进企业独有技能养成的合理体系，它的存在使得劳动者能够在企业做到退休，使他们有动力努力掌握企业独有的特殊技能，这对于员工来说无疑是最好的结果。对企业来说也是如此：其他企业都在努力维持终身雇佣制，如果只有自己随随便便解雇员工，那么自己势必无法招聘到优秀员工。如果劳动者正在掌握企业独有的特殊技能，即使公司在其职业生涯中期聘用他，这对于企业也没有任何好处。

如果其他劳动者或企业都采纳日本形式体系，那么单个劳动者和企业都应该采纳日本式体系。反之，如果其他劳动者或企业都采纳美国形式体系，那么单个劳动者和企业都应该采纳美国形式体系。这与你是不是日本人或者欧美人抑或印度人没有任何关系。日本形式雇佣制度不论是文化、传统还是国民性，都是战时体制下非常时期体系的保留，是纳什均衡。

比较制度分析 3

日本雇佣体系正在崩溃

现在日本形式雇佣习惯中的终身雇佣、年功序列工资制、企业内工会等正在崩溃，这是外部环境发生巨大变化所致。

1. 隐性知识·手艺

隐性知识是指只可意会、无法言传给他人的类似手艺之类的东西。比如日本料理店根据当天的湿度和气温等调整鱼汤中小鱼的数量和大小，掌握开水的添加量，将鱼汤的口感提高到最佳状态。"将多少厘米、多少克的小鱼放进几升的水里煮多少分钟……"像这样的烹饪技法被手册化之后根本无法做出一流的味道，但是如果将手艺或工作流程IT化，那么无论何时何地何人都可以使用这个系统。

为了成为寿司大师，必须从打下手开始，经过好几年的锻炼、借鉴前辈们的成果……这样的体系正在慢慢崩溃。现在有专门学校培养寿司制作师只要花上两个月时间就能学会制作寿司。

不仅如此，制作旋转寿司所使用的机器能够掌握寿司饭所需的重量，也能为我们做出料理大师独有的口感松软的饭团子。如果说料理大师的手艺可以打100分的话（大师们做出的每种饭团子并不一定都能打满分），寿司机器能够不断提供90分以上的寿司。不管是寿司饭的做法还是醋的搅拌方法，机器都能做到90分以上的水平。在制造业方面，工匠们能够避免千分之一的误差，这点机器人也能达到。

超市的条形码扫描器是20世纪70年代企业培养出的手艺人发明的，是一项快速地、毫无误差的技术，这项技术到了现在只需要POS收银系统"嘀"的一下就能完成。更令人想不到的是，2015年夏天连收银台都不需要的收银系统横空出世。

将商品往外观就像笼子的设备下一放,电子标签能自动精准地告知商品的信息。

技能的手册化是一套无论何时何地何人都能使用的系统,因此将工程设在日本,日本技术员就没有生产的必要了。因为一本简单的手册就能让全世界任何地方的劳动者生产出与昔日手艺人水平相当的产品。这是企业独有的特殊技能向一般通用技能的过渡。

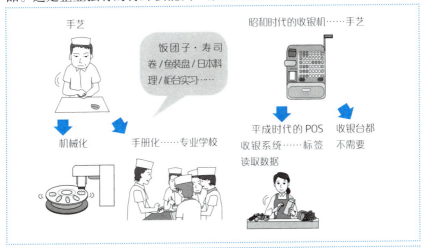

迅销公司无人收银 IC 标签瞬间精准读取所有商品信息

优衣库所属的迅销公司采用无人收银系统,由顾客自主计算价格,所有商品均贴有 IC 标签,这种标签通过无线电读取商品信息,它使收银台前的即时计算成为可能。

(摘自《日本经济新闻》,2015-05-05)

2. 人口减少、经济迅猛增长之后

日本急速步入人口减少时代,这点通过日本人口结构图的对比就能明白。日本的年功序列工资制度、终身雇佣、晋升模式都是以日本人口增加、GDP 增加为前提的。如果这一前提不复存在,对于企业来说,中老年资深员工的薪资就没有必要了，裁员也就成了理所当然的。由于长年积累的经验知识都手册化了，所以也就不那么重要了。由于下一代逐渐减少，所以谁都能晋升到拥有部下的这种结构已经不复存在了。

日本人口结构图

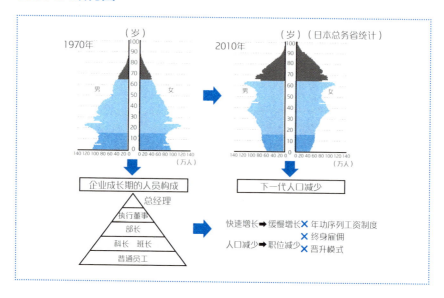

停止增长的日本经济

脱离计时工资　富士通的教训

富士通于1993年领先其他公司采取成果主义政策，有些员工为了保证成果不考虑时间代价，有些员工为了提高成就感降低目标，这些员工不断试错。富士通既重视目标实现的过程，也重视团队合作，加薪和升职并不是由短期成果来决定，而是由专业知识、业务能力等个人资质来决定。20多年内至少开展过四次人事评价制度改革。

在深受成果主义影响的美国很难求得绝对的正确答案，美国微软公司在一年多以前废除了按成果划分员工等级的制度，因为过于严格的成果主义可能导致员工只看重眼前目标，而忽略了将来的发展。

（摘自《日本经济新闻》，2015-04-06）

3. 资本构成的变化

企业的资金运作方法发生了变化，以大企业为代表的企业集团不再采用从银行融资的间接金融手段，而是转向从股票市场调配资金的直接金融手段，这就动摇了主银行这一制度。

股份有限公司的股票持有者比例发生了变化，企业和银行不再相互持股（购买股票时价格不低，公司则是按时价计算，这样股票下跌时个人资本就会亏损），取而代之的是国外投资商所持股份比例加大。六大企业集团也就成了过去式了。

日本股票市场上外国投资家的交易量已经超过6成，有时甚至逼近7成。东京证券一部的上市公司中由外资控股的公司不下100家。中外制药、日产汽车、HOYA、花王都是名副其实的外国企业。

外国人持股比例

(%)

李维斯	84.0	羚羊	64.8
云雀有限公司	77.4	HOYA	60.7
中外制药	75.4	爱德兰丝	60.2
草莓HD	73.3	新生银行	59.3
日产汽车	72.5	大东建托	55.5
LAOX	68.3	三井不动产	52.4
昭和壳牌	66.5	花王	48.3

像这样外国企业增加，自然而然管理也就外国化了。管理者是外国人或者从其他公司空降过来的，管理者在公司间跳槽等这些情景在日本也越来越多了。

由于全球化，日本企业开始进军海外，海外企业也成了日本企业的贸易对象，这也是日本式雇佣体系崩溃的一个主要原因。因为这才符合纳什均衡，因为在与自己相关的对手中，大多数人为了自己的利益会选择配合对方的行为。这不是事前沟通，而是一个优先考虑结果的世界。

外国管理者　　　　　　　　　　在公司间跳槽的管理者

卡洛斯·戈恩
（日产汽车）

哈罗德·乔治·梅伊
（TOMY）

原田泳幸
（苹果→麦当劳→倍乐生）

新浪刚史
（罗森→三得利）

4. 过渡期的日本

实际上日本雇佣形式不可能马上废止，应届毕业生的统一招聘还会继续，但是非正式员工的雇佣会增加。非正式员工的比例已经超过所有雇佣人员的1/3，他们在工作岗位上从事着和正式员工几乎相同的工作。企业特有的特殊技能作为正式雇佣依旧保留着，一般通用技能则以非正式雇佣的形式补充着特殊技能。这就是日本企业过渡时期的雇佣现状。

在非正式雇佣形式下，即使加入企业传统的特殊技能集团——企业内工会也没有意义，企业内工会的组织效率不断下降。由于非正式雇佣的是那些终身雇佣和年功序列都不适合的人群，所以作为纳什均衡之一的日本式雇佣形式均衡也渐渐瓦解了。当外部变量变化时，纳什均衡也就消失了。

增加的非正式员工

纳什均衡崩溃了！？

重复博弈 | 博弈树画出所有"手"

> 此前我们讲的博弈是参与者A和B同时参与的同时博弈，这里我们要讲的是博弈树，即参与者交替出手的博弈。

此前我们看到的博弈是同时博弈，也就是两个参与者同时出拳，类似石头剪子布的博弈。与此相对，还有一种博弈是两个竞争企业"你来我往"进行类似围棋这样具有时间差的博弈（重复博弈）。分析这种博弈时使用的是博弈树，这里我们还是以前面讲过的两家加油站为例。

下页第二幅图最左边的A公司作为出发点，是树根，由先行者A公司选择高价或低价的策略，然后轮到B公司选择高价或低价（分歧点就是树权），最后显示A公司和B公司的得分。因为这是利用树根、树权和树枝进行拓展分析，所以我们称之为博弈树。这种拓展形式可以无限延伸，这里介绍的是最简单的例子。当然，如果B公司先出手也是可以的。

解开这种重复博弈的关键是用逆推法推导，根据自己的策略预测对手的策略，从最后的得分数字来预想对方的策略。

如果A公司定高价，那么B公司定高价时只能获得3分，而定低价时能获得4分，3和4一比较，B公司就知道自己应该定低价。如果A公司定低价，那么B公司定高价时只能获得1个得分，而定低价时却能获得2个得分，可想而知B公司会取后者。A公司通过预想B公司怎样做决策来决定自己的当前策略。

博弈树

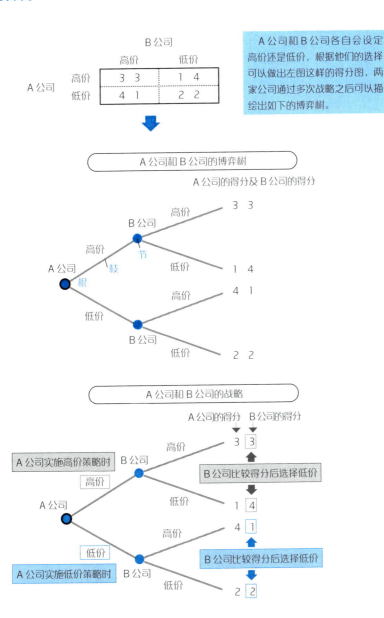

承诺 | 争先承诺缩小对手的选择范围

> **承**诺是指明确约定、保证的意思,它通过缩小自己的选择范围,让对手的行动保持在有利于自己的范围。

某个城市 B 比萨饼店垄断了整个市场,如下页图所示 A 店考虑在这个城市开店。如果 A 店不开店,那么 B 店的得分为 5;如果 A 店在其他城市开店,那么 B 店的得分为 1。如果 A 店决定开店,那么已有的 B 店是会合作还是不合作呢?合作的话 B 店得分为 2,不合作的话开展降价竞争得分为 0(无限接近 0)。

对 B 店而言当然是垄断时得分为 5 是最理想的,但是它又无法阻止 A 店的加入。如此一来,B 店大可以声明"如果 A 店加入,B 店将与之坚决对抗到底"。

A 店加入后 B 店的可选战略如下:B 店自主放弃了可以获得高分的"合作"选项,这样一来,A 店的得分比起加入只能得 0 分,不加入反而能得 1 分,于是 A 店放弃加入。B 店放弃了未来的最佳行动,意图得到自己最想要的结果。

在只有一次博弈的匿名市场中选择项越多越好,但是在存在相互关联的对手(个人或企业或国家)的市场中,为了自主缩小选择范围,放弃最适合的行动而做出承诺反而能让自己获利。

"背水一战""不与恐怖分子交涉"这样的宣传、家电卖场"与其他店铺同价"这样的宣传都属于承诺。不论其他店铺如何压价,都无法从做出保证的店铺抢走顾客。

新店加入的承诺

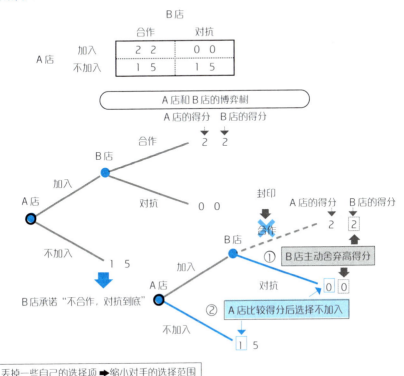

背水一战

① A军烧毁船只,断掉退缩这条后路。

② B军比较战斗和撤退的得分后决定撤退

> 虽然美国奥巴马政府正在推进人质解救政策的重新审定,但是其"拒绝交付赎金"的方针没有改变。"原因很简单。因为我们不愿意将世界上其他的美国市民置于危险境地。"(美国白宫发言人欧内斯特语。)比起解救人质,奥巴马政府更重视降低诱发新事件的风险。
>
> (摘自《朝日新闻》,2015-02-08)

信息差与对策 | 市场内在的信息不对称

> 承诺能否奏效取决于相互放出的信息是否能够被对方相信。

市场中生产者拥有的信息和消费者拥有的信息之间相去甚远。为了弥补这一信息不对称，政府采取各种各样的措施。这里跟大家一起分享信息不对称的事例和对策。

1. 道德风险

道德风险指的是激励发生改变。由于购买了保险导致事故发生率上升的案例并不少见。在日本就有渔具保险难以为继的例子。将钓鱼作为专业兴趣的人花好几万日元购买高价器具，在没有投保的情况下，使用者都会想着保护渔具免遭损坏，于是会小心翼翼地使用渔线和渔竿等。但是一旦购买了每月300日元左右的保险之后，就产生了"反正坏了保险公司可以赔偿"的想法，使用者开始粗暴对待渔具，因为他们想的是："反正已经投保了，不使用反而划不来。"

保险公司考虑的投保人是那些偶尔钓鱼的普通垂钓爱好者，如果实际投保的都是那些"垂钓专家"，那么这项保险将难以为继。

行李损害补偿范围修订方案

2011年5月1日起《补偿开始日》生效，和渔具（钓鱼竿、支架、抄网、漂、渔具包、遮阳伞、救生衣以及类似这些用于垂钓的工具）相关的行李都不再被列为补偿对象。

修订的理由是在行李的保险支付中，渔具相关的费用特别多，有损投保人相互间的公平。

（Yahoo！ CHOKOTTO 保险）

即使是爱惜渔具的垂钓者，投保后也变得随便对待渔具，甚至损坏渔具。这就是道德风险。

2. 筛选（需求方获得供给方的信息）

假设保险公司不知晓人寿、医疗保险潜在客户的信息，这时如果得了绝症的人和健康的正常人投同样的保险，前者投保会更有利。因为缴纳的保险费很少，而能够得到的保险赔偿费很多，这一激励促使人们形成上述观念。

为了消除这种信息不对称，保险公司希望知晓潜在客户的健康状况，让医生为客户检查身体。比如保险公司会确认顾客投保前一年内的住院、病史状况，并根据顾客年龄调整保险费。

汽车保险公司同样会根据投保人的行驶距离、年龄、过去几年内的事故发生率、事故发生的免责额调整保险费，掌握投保人的驾驶信息。比如投保人发生事故导致车辆需要修理时，"车主必须承担 10 万日元的修理费"，这种免责条款可以激励投保人开车时更加谨慎以避免事故发生。另外保险公司还实行优惠政策，即未发生保险理赔时次年的保险费可以适当优惠。

近期更是出现了一种安装在车内的仪器，它能直接评估投保人的驾驶状况，确认其符合安全驾驶员标准时，同样适用保险费优惠标准。

事实上在车内安装这一仪器后，投保的驾驶员会更注意安全驾驶。

保险公司就是这样利用各种措施消除信息不对称的。

> **车内安装仪器，驾驶技术决定保险费**
>
> 　　安全驾驶诊断系统能在一秒钟内就对油门、刹车、换挡等操作进行十次检测。该系统利用 Data Tech 公司的驾驶数据分析技术以及该公司独有的算法进行数据分析，从防止事故以及提高燃油效率等方面对驾驶进行评估。
>
> 　　普通驾驶员即使小心谨慎安全驾驶，刚开始使用这一仪器时，也只能达到 50 到 60 分（满分 100 分）。这一安全驾驶诊断系统的目的是让驾驶员们时刻谨记安全驾驶和环保驾驶。
>
> （索尼损害保险株式会社）

3. 信息展示（供给方向需求方传达信息）

　　为了消除信息不对称，政府制定政策的同时，民间也采取了各式各样的方法，这就是信息展示。比如，生产者通过广告、宣传、品牌打造等向消费者传递产品信息。家电产品以及二手车零售商的售后修理、退换货保证也都属于信息展示。修理、退换货所需的成本很大，销售方对此做出免费保证，无形中说明了该商品需要修理或退换货的概率很小，从而从侧面说明该商品质量好。

　　劳动力市场的消费者是企业，生产者是劳动者，这中间同样存在信息不对称现象。劳动力市场信息展示的典型事例是学历、在校经历、资格证书或考核等。通过这些信息,企业作为消费者从中甄选出能力强的生产者,在此基础上开展入职测试、面试(这也属于尽量消除信息不对称的方法的第二种:筛选)。

像这样消除信息不对称花费了不少交易成本(金钱、时间、力气等),学生提高学历、考取资格证书是因为存在值得为此付出代价的激励。

信息就是生命,获得信息必须花费不少交易成本,消除信息不对称的是信赖(理性)。这是一种了解了对手信息之后产生的安心感(感性),这种安心降低了成本。

如果社会是一个犯罪率低、公务员腐败率低、拾金不昧的社会。这些能降低多少成本(社会成本),大家不妨仔细想想。

供给方 →	信息展示 →	需求方
应聘者	学历 证书 考核	招聘者
企业	品牌化 股票价格 公司分红	消费者
产品质量	广告 修理·退换货保证	消费者
驾驶员	保险免责	保险公司
雄性(甲虫)的强大	大型触角 较大体型	雌性(甲虫)

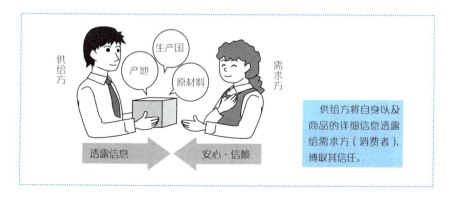

供给方将自身以及商品的详细信息透露给需求方(消费者),博取其信任。

匿名社会和透明社会

日本社会 1

> **现**实中的市场是只有一次博弈的匿名市场和与相互关联的对手保持长期关系的市场共生共存。

我们已经知道市场至少分为两大类，我们每个人不是属于其中哪一种市场，而是两种市场兼而有之。

大城市的人际关系淡薄，与乡下不同，城市公寓的人们充其量只知道隔壁人家是干什么的，即使没有邻里间的人际关系也不会对生活造成影响，这就是城市生活的特点。中世纪欧洲有句格言——城市的空气是自由的。城市就是人工创造的空间，是人际关系淡薄的匿名社会。

相信大家都有过这样的感受，当你在拥挤的电车中偶遇公司同事或上司、客户时，电车这个匿名空间立刻变成了熟人社会空间。

实验证明，有别人在场和戴着面具或在黑暗的匿名空间，人们的行为表现截然不同。有人在场时人们会感觉到约束，会在意别人会怎么看自己，无法真实表现自我，有约束感。而在匿名环境中，人们的行为和平时完全不同。

网络社会就是一种匿名社会，是没有人际关系的极端社会，博客等社交媒体上经常会引发混乱。同一个人既属于匿名社会，又属于透明社会。

从这些市场、日本式雇佣习惯、信息不对称、交易成本的角度来看，一个独特的日本模式跃然纸上，这一模式的关键是信赖（理性）和安心（感性）。信赖建立在理性之上，而安心建立在感性之上。

两种市场

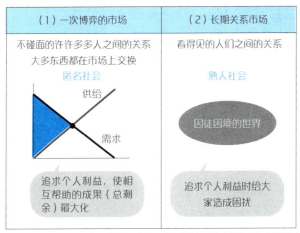

(摘自神取道宏《微观经济学的力量》,日本评论)

匿名环境

四分之一的人曾利用博客恶意发文

在利用智能手机、平板电脑通过网络发微博的人中,每4个人中就有1人的文字中含有对他人或企业进行恶意侮辱、泼脏水的行为。这一事件已被日本独立行政法人情报处理推进机构开展的互联网用户意识调查证实。"拉黑他人或企业""言辞低俗""鄙视,贬低""人身攻击"等各种恶意发言,有过此种经历的人达到26.9%,比前一年增加3.4个百分点。据调查,发布此类言论后的心理感受排名第一的是"很满足、出了一口气",达到31.9%。

(摘自《日本经济新闻》,2015-02-17)

- 将3男3女6名学生放在一个房间内,告诉他们"在1个小时时间内做自己喜欢做的事",然后观察实验结果……

明亮房间内	漆黑房间内
聊天1个小时后结束。 专业是什么?高中在哪里上的?家里有几个兄弟? 没有一句倾诉感情的话。 无聊。	相互确认场所。 聊私人话题或性方面的话题。 90%的人相互触摸身体。 50%的人拥抱。 80%的人对性话题感到兴奋。

(摘自丹·阿雷利《金钱感情意思决定的白热教室》,早川书房)

日本社会 2 | 重视长期关系的"百年老店"

> 日本人重视的是一次博弈的匿名市场,还是与相互关联的对手保持长期关系的市场?

我们不妨来思考日本人对市场经济的看法。你是否认为"虽然有贫富差距,但在自由的市场经济中人们的状况越来越好"——在这一对市场经济信任度的调查中,参与调查的主要国家中信任度最低的是日本(请参考下页第一幅图)。

日本人不信任市场经济,自然他们也不会重视政府职能。下页第二幅图是对"照顾那些不能自立的贫困人群是国家的责任"这一观点是否赞成的调查结果。在这些国家的排名中,日本同样最低。所以说,日本对市场经济的期待和对政府职能的期待都很小。

不同的是,日本一直很重视与顾客、客户、地区之间的长期信赖关系,比如老品牌。据韩国银行的调查《世界41个国家,创业200年以上的公司》(2008年),5586家公司中日本占3146家,德国占873家,荷兰占222家,法国占196家,全球老牌企业最好的6家全是日本企业(前10家中日本占6家)。像日本这样拥有这么多老牌企业的国家全世界找不出第二个,日本是世界第一的"百年老店大国"。

- 交换关系建立在交换双方彼此信任的基础之上。
- 消费者在确认商品质量之前,必须相信卖家才能下决心购买。卖家也必须相信买家才能在收取货款之前交付商品。只有在相互信任的基础上才能保证经济活动的顺利开展。

(摘自《中学社会——公民》,教育出版)

➡ 交换越丰富越必须相信对方

对市场经济和政府寄予很小期望的日本

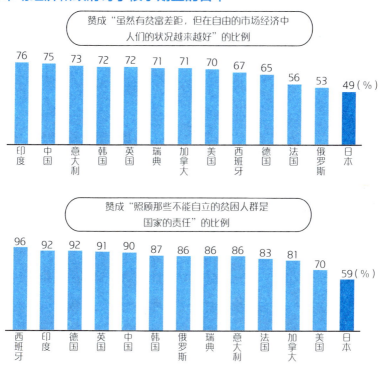

（美国皮尤研究中心，2007年）

重视长期关系的日本

> **向日本的百年企业学习"三好" 让亚洲都"三好"**
>
> 韩国百年以上的企业仅有7家，相对日本的27335家（2014年帝国数据库调查）简直是一个天上一个地上。
>
> （摘自《日本经济新闻》，2015-03-30）
>
> **1925年之前创业或成立的4000家企业问卷调查**
>
> Q 作为老牌企业最重要、最应该重视的是什么？请用一个汉字概括。
> A 排名第一位的是"信"，第二位是"诚"。
> Q 老牌企业生存所必需的是什么？
> A 回答"信赖的保持与加强"的占65.8%，比例最高。
>
> （帝国数据库史料馆、产业调查部《百年企业的条件》，朝日新闻出版）

日本社会3 | 日本社会的机会成本和交易成本

日本雇佣形式的这一纳什均衡与机会成本和交易成本相关。

机会成本是为了得到某个东西所必须放弃的东西。跳槽所放弃的年收入就是机会成本，年功序列社会中老手跳槽比新手跳槽的机会成本大。

交易成本是开展交易所必需的成本。第一次见面的对象、第一次企业交易或招聘活动的成本都比较大。与此相对，在与特定对象的承诺关系中，排除了内部不确定因素，因此交易成本会大大减少。老牌社会、联营、分包、企业内部业务中，只需要一个电话就能顺利削减交易成本。内部业务关系和长期关系是即使损失机会成本、放弃从其他对手那里获得的利益，也要维持与现有对手的关系。

承诺关系就是这样降低交易成本的，但同时也产生了机会成本。在市场中，有时能与最佳对手交易最便宜的原材料或产品。与特定对象的承诺关系可以通过因此节约的交易成本和市场交易所需的机会成本的相对大小来判断。

网络社会更是大大地减少了交易成本。与国外生产商的谈判如今已经进入一个低价格魅力大于交易成本魅力的时代。资格/技能社会也能削减招聘员工的交易成本以及企业的机会成本，而在雇佣合同时代，能够达到技术和资格上的要求就很不错了。合格员工的转行基本不要机会成本，现代社会消除信息不对称的成本很低，企业必须考虑的是维持长期业务关系的成本和成效之间的关系。

第四章 引入博弈论这一新视点

日本社会（重视"安心""人情"胜过"信任""伦理"）

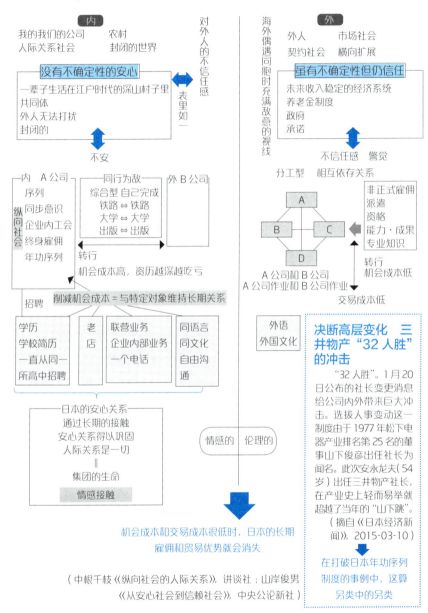

（中根千枝《纵向社会的人际关系》，讲谈社；山岸俊男《从安心社会到信赖社会》，中央公论新社）

日本社会 4　博弈论下纵向社会的人际关系

罗纳德·科斯说:"市场内的交易成本大量累积时,为了节约成本,必须建立组织从内部消化这些交易,这是企业的本质。"

交流也可以用成本问题来分析。我方说日语,对方说外语,在这样的信息不对称场合下,需要花费多大的费用成本?获得安心感和信任感需要花费多长时间?……"难道我们不都是日本人吗?""一说就明白。"这些话实际上就是安心和信任的回报,表示最小的费用成本。

如果双方拥有共同的文化,那么双方都能够轻松地揣测到对方的策略,组织也能稳定发挥作用。在这里我们需要考虑的是没有共同文化的场合。每一代人的文化并不是一个整体,语言以及政治文化也不同,在这样的情况下,很难预测对方的行动。

于是,我们会对某种属性(比如时尚、政治倾向)产生先入为主的观念,以降低日常生活中信息传递的成本。"这时候这些人会这么做""我们公司的员工会这么做,日本人会……中国人会……这么做",这就是文化体系。

在博弈论中,为了能稳定地共享同一信念,必须拥有相同的文化体系,也就是每个人都了解(对方也知道)的规则、共识。

文化随着时代、人类的变化而变化。公平感这一价值观在日本也是变化的。对按能力标准的薪资差异感到不公平的人,在1990年的调查中达到了41.1%,2000年的调查中减少到了12.5%(见右页图),这一状况发生的背景是20世纪90年代实行的绩效薪资制度。

侧重人际关系的日本社会

社会生活中有大量的人,这其中存在一定的体系。在社会的某个层面一定存在着某种结构。没有它就会发生冲突,冲突无法解决,社会就会混乱。虽然日本人说不会依逻辑行事,但是其中肯定有一定的逻辑背景(作者注:电梯的纳什均衡的例子)。

同质性人群构成社会团体的两大运动法则。

拥有一体感的机制

我们的意识是对外面同种群体的反对意识。⇔排他性

• 分工(横向)是一种相互依存关系、契约关系,而纵向则是一种综合,是一个组织构成的整体形式,如综合大学、出版、广播、报纸、杂志等,将同行视为敌人,并划分出三六九等。差别来源于社会学构造,而非道德好坏。

内部组织的生成与加强

这是情感上的结合。⇔资格的差别是理性的。

• 人际关系的好坏取决于实际接触的时间长短和程度,相关关系一旦达成,稳定度就会很高。

• 转行跳槽少是笼络人的社会条件,也是选择的结果,人类已经意识到了转行带来的巨大社会损失。

• 痛苦的经历大部分来自人际关系,尤其是感性的东西。我们重视的不是实现了共同的目标或完成工作,而是这里面的情感方面的人际关系。

• "大家都这么说"这种社会强制是随着社会条件相对变化的,日本人的思维方式或信条的变化是从变化的实体(社会)上的价值尺度中衍生而来的。

• 某个集团的生命在于相互间的人际关系而不是什么主义(思想)。

(摘自中根千枝《纵向社会的人际关系》,讲谈社)

夏普在 2015 年 3 月的财报中显示存在 2223 亿日元赤字,裁掉了 3500 人。公司出现了内部领导之争,顾问介入人事。银行工作人员称,夏普公司非常时期的内讧与破产的三洋电机十分相似。

(摘自《日本经济新闻》,2015-05-15 ~ 21)

10 年间日本人公平感的变化

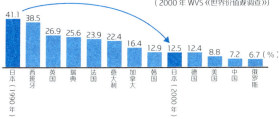

年龄相同、工作相同的两名秘书在能力上有差别,认为对两者实行差别薪资是不公平的人的比例

(2000 年 WVS《世界价值观调查》)

41.1 日本(1990年) / 38.5 西班牙 / 26.9 英国 / 25.6 瑞典 / 23.9 法国 / 22.4 意大利 / 16.4 加拿大 / 12.9 韩国 / 12.5 日本(2000年) / 12.4 德国 / 8.8 美国 / 7.2 中国 / 6.7 俄罗斯 (%)

今后,日本不一定还会一如既往地重视人际关系、年功序列、同步意识。

"信赖"与"安心"

信赖是理性的,安心是感性的。日本重视"内在"感觉上的"安心",从幼年时期就说着"我们班、我们学校……",将内与外分得一清二楚。

匿名社会中的市场以对对方的信赖为前提。美国人的习惯和宗教并不相同,所以他们十分重视"契约",为了遵守契约而追求信赖。但日本重视人际关系,对他们来说是无法理解"契约"这个概念的。契约限定了行为(即义务)的范围,而那些已经确定可以不做的事则随时可以变更。

犹太教、基督教、伊斯兰教等宗教可以看作是与神的一种契约。中世纪欧洲契约下的封建制度和日本的封建制度存在根本不同,家臣为君主的复仇也建立在君臣之间的契约之上。日本武士的复仇大多是长子替父母报仇、为情复仇(以出轨的妻子和奸夫为对象),也就是以"家"(内)为基础。主君复仇以芳贺高定、丰成秀吉、赤穗浪士为例,与尊亲复仇相比出人意料地少。

以"内"范畴为基础重视人际关系和情感,对"外"范畴的这种排他性与对市场的不信赖都如出一辙。

> **山岸俊男"建立可合作新关系"**
>
> 日本重视集体利益胜过个人利益,美国则个人主义倾向明显,那么哪个更信赖他人呢?事实上个人主义的美国更重视与周围的和谐相处,更倾向于信赖他人。日本只和特定的人交易,构建"安心社会"。与跟初次接触的人谈生意被骗相比,他们更倾向于只和不会背叛自己的人谈生意,这样风险小。但是经济要发展,需要新机会。洞穿他人、挑战自我,这才是信任社会。欧美一直都追求增加交易机会,及早构建信任社会。
>
> (摘自《日本经济新闻》,2015-08-21)

第五章

行为经济学论证
人类的非理性

行为经济学 1 | 经济行为人未必理性

> 行为经济学将具有一定的喜好和思维能力的人称为理性经济人；与此相对，将那些随着状态或气氛改变的行为看成是非理性的。

此前我们讲了经济学的两个分支——分析需求和供给形成的市场的传统经济学以及分析存在其他参与者的选择、长期关系的博弈论。两者的前提是在经济和理性的基础上做出合理的选择。这里我们能够想到的就是人类按照自身利益最大化的方向行动（也就是理性经济人）。

理性经济人的行为通常是合理的，身为企业经营者以利润最大化为目标，身为消费者则以效用最大化为目标。理性经济人就像电影《星际迷航》中的瓦肯星球人史波克一样不具备任何情感，一切按逻辑行事。但现实中几乎没有这样的人。

日本交通事故数量正在减少，但同时老年司机事故的比例在增加。从客观原因来说，老年司机驾驶的危险度不断增加；从当事人的意识来说，年龄越大躲避事故的自信心就越强，这样的矛盾状态导致老年交通事故的增加。

这一章我们接触的行为经济学所研究的对象是普通人的情感、价值观和理性的关系，以及理性经济人做出的合理判断是否和普通人的判断一样。

此外，神经经济学会从大脑活动的角度说明和补充以下内容：感性和理性的关系、理性判断是怎样形成的。很显然如果没有这些研究，我们就无法解释和理解经济行为。

以往经济学的人类形象 = 理性经济人（经济人假设）

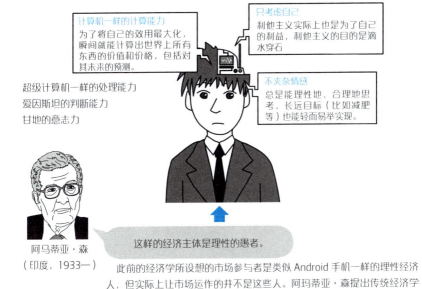

偏离"理性"

行为经济学 2 | 效率和公平哪个重要

> 市场经济下,商品、服务市场与劳动力市场同时成立,对劳动力市场而言最重要的不是效率而是公平。

效率和公平是经济学必须涉及的两大主题,是怎样做大蛋糕和怎样分配蛋糕的问题。市场经济的效率是做大蛋糕的问题,而福利、财政政策则是分配蛋糕的问题,其中怎样做才公平这个问题取决于价值观,因此它的正确答案并不是唯一的。

劳动力市场可以说是市场经济最重要的组成部分,其对公平的影响远比合理的经济动机影响大得多。

下面引用的是乔治·阿克尔洛夫和罗伯特·希勒的共同著作《动物精神》(东洋经济新报社)中的内容:经济学博士阿尔伯特·李斯的专业是劳动经济学,他从美国芝加哥大学转到普林斯顿大学,担任过工资与价格稳定委员会主席,之后,担任普林斯顿大学教务长。他在一场研讨会上撰写了一篇纪念老朋友雅各布·明塞尔(著名的劳动经济学家)的文章,回顾了自己作为经济学家的一生。

> 关于工资决定的新古典理论,我从教 30 年来教科书中都进行了说明。从 20 世纪 70 年代中期开始,我开始承担起决定、管理工资的职责。在尼克松政府和福特政府时期,我曾任职于三个工资稳定委员会,在两家企业担任过董事长,在私立大学任教务长,在财团任理事长。
>
> 这些职务无论哪一个对自己长期以来所教授的理论都没有任何作用。现实世界中决定工资的主要因素与新古典理论所述的完全不一样。通过我后半生的管理工作,我悟出了比起这一切的一切都重要的其实是公平。

谈判中的公正是很大的动机,扮演着重要的角色。追求公正和利他性行为是人性的根本,这一点在许许多多的研究中得到了证实。

传统经济学与行为经济学的差异
市场的效率

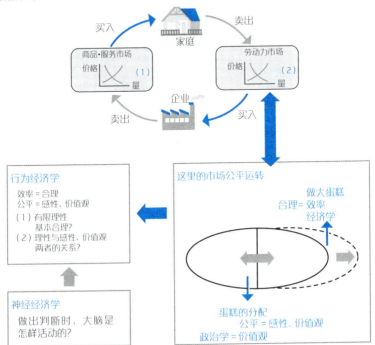

决定工资的不是市场而是公平

吉川洋　春斗（劳资谈判）加薪　劳资双方握手决定薪酬

　　2013年秋，安倍政府在官邸召开了由政府和企业界、工会组织代表等出席的会议。政府要求业绩良好的企业能够上调工资，但有人认为"薪酬应该由市场决定，政府不应该插手"。事实上市场决定薪酬这一观点本身就是个错误。

　　因为薪资谈判的关键词是公平。薪资不应该由"看不见的手"来决定，而应该由"看得见的握手"决定，美国微观经济学家阿瑟·奥肯是这样用巧妙的语言表达谈判决定薪资的。薪资不是由单纯的需求和供给来决定的，薪资由市场来决定这一观点也很片面。

（摘自《读卖新闻》，2015-03-29）

吉川洋（1951—）

神经经济学

从大脑活动分析经济学

进入21世纪，大脑活动成像技术fMRI（功能性磁共振成像）和PET（正电子发射断层显像）检查的普及，为人类解决了复杂问题，使人类对脑部的研究变得更加简单。

日常生活中，我们都会碰到与金钱、食品等奖励相关的问题，这时候我们的脑部是怎样活动的呢？要回答这个问题，我们必须学习神经经济学（neuro economics）。这里我们将通过分析脑部结构来弄清行为经济学的目标是什么。

大脑分为包括岛叶皮质的大脑边缘系统和大脑皮质。大脑边缘系统是人类发展初期动物属性强烈、关注日常饮食时期较为发达的组织，大脑皮质则是在人类思维比较发达之后较为发达的组织。大脑边缘系统掌管情感，而大脑皮质尤其是额叶控制着人的理性思维。如果用管弦乐队来比喻的话，额叶相当于指挥，它收集着脑部所有区域发来的信息，它是大脑皮质中最优秀的部分，也是最新、体积最大的部分。

在新的经济学领域，学者们达成了许多共识并且被广泛接受，其中之一就是人在做出决断时，脑部各个不同部位相互竞争。掌管人类情感的大脑边缘系统和掌管理性的额叶是对立的，哪个活动大，决断就由哪个做出。

包含岛叶皮层的大脑边缘系统支配着与当前利益及损失相关的情感。与此相对，额叶则与将来利益的评估、自我控制、理性思维相关。由此推测，理性经济人或许只存在额叶。

脑部构造与活动

脑部主要区域侧视图

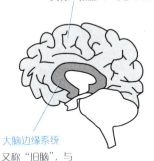

大脑皮质
又称"新脑",与思考相关

大脑边缘系统
又称"旧脑",与情感、记忆相关

脑部横截面正视图

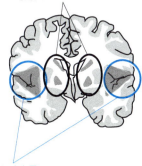

纹状体
与对奖励的反应与喜悦相关

岛叶皮层
与高兴不高兴这些情感的无意识兴奋相关

额叶和岛叶皮质侧视图

额叶
大脑皮质的一部分。掌管经济性计算等合理的认知活动

> 岛叶皮质优先控制情感,额叶则负责合理的计算。大脑边缘系统中的岛叶皮质的活动也会对人的行为产生很大的影响,因此人的经济活动也未必总是合理的。

发达的额叶

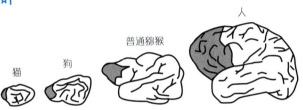

猫　狗　普通猕猴　人

在各种动物中,额叶所占整个脑部的比例,人类的这一数据明显大很多,这是进化得最为发达的部位。

最后通牒博弈 | 即使自己吃亏也要重视公平

利他行为到底是醉翁之意不在酒、希望得到对方回报、还是真的只是为了别人？区分这二者的方法之一就是最后通牒博弈。

经济行为不只是公正公平、利己主义，还有利他行为、合作行为。考虑公平的代表性博弈就是最后通牒博弈（请参照右页图）。

传统经济学中，利己行为是合理的，所以"提议者99000日元，响应者1000日元"这样的分配方案或许响应者也能接受，但实际却不是这样的。在最后通牒博弈中多数提议者会分给响应者3万~5万日元，而且响应者觉得提成少了会拒绝。

比如以学生为对象进行1000日元的分配游戏，游戏结果如右页下图所示，3成到5成分配给响应者。另外根据关于这个游戏的37篇论文的分析结果显示，提议者的平均分配率为40.41%，即1000日元分配400日元（大恒昌夫等《行为经济学》，有斐阁）。

响应者的平均拒绝率为16.2%，从拒绝率来看，没有人会拒绝提议者和响应者各自50%的公平分配方案，同时，提议分配率越低拒绝率越高。某项实验结果显示，当分配率在25%以下时所有响应者都拒绝该分配方案。

比如当提议者只给10%时，响应者会拒绝。响应者认为这样的分配不公正、不公平，因此即使牺牲自己的利益也要给提议者一个教训。或者是响应者希望提议者大发慈悲，结果提议者没能做出利他行为，响应者期望落空。

最后通牒博弈的规则

- A、B两人中A得到了10万日元，要与B一起分
- A（提议者）能够自由决定自己从这10万日元中分得的数额
- B（响应者）对A的提议金额不满时可以拒绝
- B认同A的提议时，两个人都能得到钱
- B不认同A的提议时，10万日元将被收回，两个人都得不到一分钱

※ 金额的设定可以多种多样

理性经济人玩最后通牒博弈

B（响应者）　　A（提议者）

比如即使A只从10万日元中分100日元给B，如果是合理追求自己利益的理性经济人的话，为了得到这100日元会毫不犹豫地接受A的提案。

现实生活中的情况

B（响应者）　　A（提议者）

现实生活中如果A想独占10万日元中的9.99万日元，那么B会很愤怒，与其选择接受剩下的100日元，不如让A什么也得不到。

生活中，更看重公平性

最后通牒博弈的实际提议金额

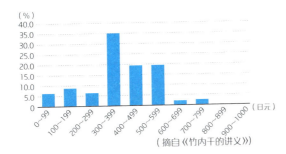

（摘自《竹内干的讲义》）

左图是以学生为对象，两个人对1000日元进行分配的实验中A（提议者）给B（响应者）的提议金额。提议者给出了7：3、5：5这样比较公平的分配方案。

独裁者博弈 | 人有多自私？

比起最后通牒博弈，独裁者博弈更能清晰地对利己和利他进行定位。

为什么最后通牒博弈中提议者给响应者 3~5 成提议金额？我们能够想到的有两种，一是利己动机，二是利他动机。

（1）利己动机："如果给对方的太少，那么有可能被拒绝，所以为了自己的利益还是应该给他稍微多点。"这是为了自己的利益而选择的分配比例。

（2）利他动机：提议者想着"这样分或许对方会高兴"，或者只是纯粹想着"应该和别人一起分享""利益就是应该一起分享的"。

为了排除利己动机这种可能，可以进行独裁者博弈实验。

右页图是以学生为对象进行博弈实验的结果。另外根据 129 篇论文对其他独裁者博弈实验的分析，平均分配率为 28.35%，分配为 0 的比例为 36.11%，分配一半的比例为 16.74%，全部分给对方的比例为 5.44%（大恒昌夫等《行为经济学》，有斐阁）。

在这个独裁者博弈中，半数提议者做出了 10 比 0~9 比 1 这样的不公平分配，这是利己行为的数字。但是，总体上都出现了 20%~30% 的分配，其中分配 5 成的例子也有。换句话说，这个实验表明这不是利己动机，而是利他动机，和对方分享的动机未必都是利己的。

在提议者和响应者完全见不到对方的情况下进行匿名实验，结果不和对方分享的比例增加，可以说匿名社会中人是利己的。但是在这样的情况下同样存在提议者和对方分享的例子。

利他的动机是将心比心或者同情之类的情感。

独裁者博弈的规则

- A和B两个人，A拿着10万日元和B一起分
- A（提议者）能够自由决定如何分配这10万日元
- B（响应者）没有权利拒绝A的提议金额，A也无权不兑现B的奖励

※ 金额的设定可以多种多样

现实中的独裁者博弈

B（响应者）　　A（提议者）

> 独裁者博弈与最后通牒博弈的不同在于响应者有没有否决权。不是说自己不能获得奖励，而是他不能对提议者进行制裁或报复，不能选择让提议者得不到奖励。

理性经济人玩独裁者博弈

B（响应者）　　A（提议者）

> 理性经济人彻头彻尾只顾追求自己的利益，他可能想要将这10万日元全数独吞，即便如此B除了接受之外别无他法。

独裁者博弈的实际提议金额

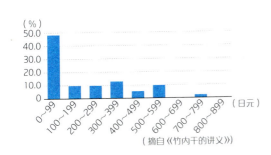

（摘自《竹内干的讲义》）

> 左图是以学生为对象，两个人对1000日元进行分配的实验中A（提议者）给B（响应者）的提议金额。独裁者博弈中即使全额独吞这笔欠款也是合理的，但实际生活中大多数人多多少少会分一部分给对方，以保障自己的分配方案能够顺利通过。

人并不总是追求自我利益的，有时候也会在利他动机的驱使下做出某些不同行为。

大脑活动和情绪左右人的决定

大脑和行为

诺伯特·哈林和奥拉夫·斯托贝克通过神经经济学研究发现，人做决定时，大脑的各个部位相互竞争。

最后通牒博弈或独裁者博弈中出现分配不公平时，会激活脑部结构中叫作岛叶皮质的部分。岛叶皮质是对愤怒、厌恶等消极情绪做出反应的场所，同时它也对道德感觉以及物理性的不快感（闻到恶臭时）、精神性的不快感（喝苦水时）做出反应，因此它会引起不舒服的情绪。

当提议者是一台计算机时，额叶控制着主导权，因为机器是随机分配，并不是有意识地决定公不公平，所以岛叶皮质不会做出反应。

但是独裁者博弈时，额叶出于休息状态，它不对是否接受分配做出反应，岛叶皮质似乎很是逆来顺受。

人的情绪能够影响其做出决定。右页的最后通牒博弈实验（1）中，提议者提出 7.5 美元对 2.5 美元的不公平分配，A 组回忆并记录令人气愤的经历，B 组则回忆并记录令人开心的经历。比起 B 组，A 组拒绝该分配的概率高很多。即使看看电影冷静下来之后再次进行同样的实验，结果还是一样。

当给出足够时间冷静后，让之前实验中的受试者担任提议者，如此一来，A 组给出了与之前响应者相似的分配比例，B 组则给出了比之前响应者更加不公平的分配比例。A 组因为自己之前对对方的分配方案很不满，基于这一经历他们觉得如果自己也这么不公平，那么 B 组肯定也会无法接受的，于是 A 组做出了更加公平的分配方案。

脑活动与人的行为倾向

在最后通牒博弈中,提议者提出不公平分配时
- 与不愉快情绪相关联的岛叶皮质非常活跃
  →容易拒绝提案
- 额叶非常活跃
  →容易接受提案

额叶
属于脑皮质的一部分,其功能是经济计算等高级认知活动

岛叶皮质
与高兴、不高兴等情绪造成的无意识兴奋有关

情感对意思决策的影响

(摘自丹·阿雷利《因为不合理所以一切进展顺利》,早川书房)

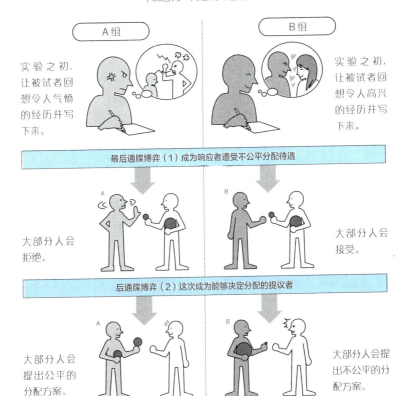

A组
实验之初,让被试者回想令人气愤的经历并写下来。

B组
实验之初,让被试者回想令人高兴的经历并写下来。

最后通牒博弈(1)成为响应者遭受不公平分配待遇

大部分人会拒绝。

大部分人会接受。

后通牒博弈(2)这次成为能够决定分配的提议者

大部分人会提出公平的分配方案。

大部分人会提出不公平的分配方案。

信任博弈 | 被一直深信的公平背叛

人在觉得不公平时会怒火中烧，对背叛自己的人，即使其切腹自杀也不能解除心中愤恨，在这时候你的大脑却享受着快感。

下面的两个信任博弈实验结果表明：如果有机会向对方报复，那么大部分人会心狠手辣地报复对方。这时候被试者大脑内的纹状体会被激活，纹状体与人的奖励、喜悦等情感相关，所以在这个实验中纹状体越是活跃的人越会狠狠地报复对方。

实验 2 的结果也与实验 1 一致。对了对付那些不合作的人，即使让自己的利益受损也要惩罚他们。例如，当有人表现出自私时，他们会很生气，就算把自己的钱都花掉也要狠狠惩罚一下这些人，这样才能让自己感到快慰。这个时候掌管理性认知活动的额叶会异常兴奋。为了报复所花费的金钱和报复带来的满足感之间成正比。据研究人员的解释，这是因为通过制裁别人获得了满足感，实现了自我验证。

实验被试者都很重视公平，他们对报复和公平的信任是表里如一的。如果人在多数场合都相互信任，那么一旦以信任为基础的社会契约被践踏，人就会异常愤慨。

人在以公平为准则，尽量不做厚颜无耻之事的同时也要求他人能做到公平。相反，如果一个人认为他人觉得自己的行为不公平时，这个人会感到羞耻；如果别人的行为不公平时，自己则会怒火中烧。人们对公平的考虑成为经济方面决定其行为的极大动机，也与人们的安全感和与大家顺利开展工作的能力相关。

信任博弈 实验1

（苏黎世大学欧内斯特·菲尔和西蒙·古特尔的实验）

第一阶段

A 和 B 分别在不同的房间内，各自获得 10 美元。

A 信任对方将钱赠送给 B，B 将多得 4 倍的钱（40 美元）。

如果 A 将得到的 10 美元据为己有，那么他和 B 各自得到 10 美元。如果 A 将自己的 10 美元赠送给 B，那么实验的主办人就会将该金额增加到 4 倍送给 B，这样 B 获得的金额是 10 美元 +40 美元，总计 50 美元。这时 B 可以将 50 美元全部据为己有，也可以将其一半赠送给 A。而实际实验中，大部分人将自己的 10 美元赠送给对方，对方也将 25 美元作为回礼反赠出去。

第二阶段

那个家伙竟然全部独吞了。我就算再赔上一些也要报仇！！

如果 B 将 50 美元全部据为己有，那么 A 可以惩罚 B。如果 A 向主办人支付 1 美元，B 就会失去 2 美元。这样 A 支付 25 美元时，B 就会被没收掉 50 美元。

信任博弈 实验2

我只是装作放钱的样子……

被试者们往盒子里放钱，主办人会将筹集到的金额翻倍，然后被试者们一起平分这些钱。如果其他人出钱而自己不出钱的话，自己会更受益。如此反复实验，就会出现背叛者，而且其他人也会慢慢背叛他人。所有的被试者都是自私的。

筹集到的钱会翻倍并让被试者进行平均分配。

利他主义 1 | 合作是人的特征

人会愤怒，会同情别人，在别人需要帮助时没有伸出援助之手后会有愧疚感。有人认为这是因为人在反复无意识地学习。

当我们即将做出利他行为时，心理上会产生将心比心、同情别人的情感；当我们觉得不公平、不公正时，会怒从心中来。当遇到有困难的人时，我们想要助他一臂之力，会雪中送炭；当背叛别人时，我们会有罪恶感；当别人做出无理行为时，我们的怒意会从心底一拥而上。

帮助别人时大脑的纹状体会表现兴奋，也就是说做好事时人的心情也会很好。利他行为并不是装出来的，它能带给我们满足感。人有渴望合作的情绪化倾向，除非相当克制，否则不可能消除这种渴望。

再者，人的大脑和他人有联系，能够感受别人的快乐或痛苦。比如当女性的手腕被针刺了，她丈夫脑部的中枢神经会做出反应，就像是他自己的手腕被针刺了。神经经济学表示这种同情在动物和人之间没有明显区别。

在黑猩猩与其他动物的比较研究中，人类的一个相当固定的特征就是利他主义倾向明显，这点在其他动物身上均没有明显地表现出来。利他主义是降低自身适应度，提高他人适应度的行为。两只黑猩猩传递硬币，如果一只黑猩猩将硬币投入到机器内，机器就会给另外那只黑猩猩一个苹果，最后两只黑猩猩都开始怠工，最后都放弃投币了（山本真也《神户大学》、田中正文《京都市动物园》），因为它们不会采取单纯为了对方的利他行为。

纹状体和快乐

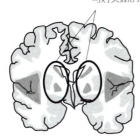

纹状体
与对奖励的反应和高兴有关

纹状体不仅能够感知食物或药品、性交所带来的兴奋和本能的快感，而且在看见金钱、想到能够大赚一笔时也会有所反应。纹状体的兴奋度与金额成正比。

猴子参与的公平性实验

（摘自弗兰斯·德瓦尔《道德性的起源》，纪伊国屋书店）

（1）普通猕猴实验

回答同一个问题，答对了就有奖励。当奖励相同时，两只猴子都能顺利参与这一答问，但是当奖励有差别时，给一只猴子的奖励是黄瓜，另一只猴子的奖励是葡萄，得到黄瓜的那只猴子就会断然拒绝回答问题了。这里我们可以像最后通牒博弈这样从合理性这一观点来分析，虽然奖励黄瓜也是获得了好处，但是猴子就是不喜欢黄瓜，所以将其扔掉了。

（2）倭黑猩猩实验

给某一只倭黑猩猩充足的牛奶和葡萄干，其他的倭黑猩猩都不给。过了一小会儿，其他的同伴和家人都用羡慕的眼光盯着这只得到食物的倭黑猩猩看，当它明白它们看着它时，它坚决拒绝分享自己的食物。而且这只倭黑猩猩用动作和手势告诉同伴，暗示它们向实验者索取食物，一直到其他倭黑猩猩都得到了食物，这只倭黑猩猩才开始吃自己的食物。

（3）黑猩猩实验

这个实验和普通猕猴的实验一样，是给两只黑猩猩发不同的奖励，一个是葡萄，一个是红萝卜。如果同伴得到了葡萄，那么得到红萝卜的那只黑猩猩要么拒绝回答问题，要么将红萝卜扔掉。而且随着实验的继续开展，得到葡萄的那只猴子也会犹豫，甚至多数开始拒绝接受葡萄作为奖励。

利他主义 2　公平主义产生的时间

> 某些社会学家们认为文化能力和遗传能力储存在基因中，即使好几代人过去了它们仍然能够得到表达。

早在45000年前的古人类就已经实现了进化，拥有了和现代人一样的文化。这里我们在前人对这些狩猎民族的研究（克里斯托弗·博姆《道德的起源》，白扬社）的基础上来探讨公平性的起源问题。

人类在捕捉大型动物时，通常都有一定的社会分工，那就是集体行动，也可以是包含家族成员之外的大集体分工合作。调查150个狩猎民族后发现，他们的这种狩猎行为极端公平，都是建立在同情的基础上的社会性合作关系。他们那种激励利他行为的将心比心精神与极大宽容的情感制止了个体竞争食物的行为，减少了争夺的可能性。

这种模式甚至在北极苔原、热带雨林、干燥地区都能见到，几乎所有狩猎民族都是如此的。

不管环境怎样千变万化，能够很好地发挥作用的模式只有一种。狩猎民族对其他集体表达敌意的方式也与人类和大猩猩的相同，但是能够结成组织，公正并基本公平地分配的只有人类。帮助有困难的人，讨厌不公平，这些无不将人类社会推向注定的方向，而且这些长期以来一贯如此。

此外，利己主义和公平主义价值观的形成取决于教育以及家庭环境，这一观点是经过试验证明了的。公平主义价值观是家庭以及学校教育的结果，并不是人生来就有的价值观，如果说这种非认知能力的发达能够对经济差距产生巨大的影响，那么人在入学前所接受的教育比入学后智力方面的训练更加重要。

公平主义是后天养成的? 实验1

（苏黎世大学欧内斯特·菲尔的实验）

孩子将点心分给自己和别人的分配方案选择

1. 选择分给自己和其他孩子每人一个，还是只分给自己一个？
2. 选择分给自己和其他孩子每人一个，还是只分给自己一个别人两个？
3. 选择分给自己和其他孩子每人一个，还是只分给自己两个？

**如果孩子坚持公平主义，
那么无论哪种方案最终结果都是每个孩子分一个……**

3~4岁小孩利己倾向明显，不会考虑对方怎么分配。
5~6岁小孩选择第3种公平方案的达到22%。
7~8岁小孩选择第3种公平方案的达到45%。

公平主义是后天养成的? 实验2

（亚利桑那大学艾伦·桑菲的实验）

以幼儿为对象，使用牛奶糖做最后通牒博弈实验的结果如下：幼儿（6岁以下）事先知道了自己拒绝的话什么也得不到，所以无论哪种分配方法，即使不公平也接受。7岁以上的孩子则与大人的反应一致。有自闭症的孩子无论年龄多大，和幼儿反应一致。

竞争与公平感

不论是经济学还是神经生物学，增强未来劳动力的劳动能力、提高生活质量最有效的方法便是改善幼年时期条件恶劣的孩子们的境遇。

（摘自大竹文雄、芝加哥大学赫克曼和斯坦福大学努森的共同论文）

惊人发现贫困家庭孩子脑体积小

哥伦比亚大学神经科学家金柏丽·诺贝尔博士的团队对整个美国范围内的1099个小孩和年轻人进行调查，结果显示年收入2.5万美元以下的贫困家庭的孩子脑部表面积比年收入15万美元以上的家庭的孩子的小，差值最大达到6%。年收入只有几千美元的最贫困阶层孩子在语言、读写、意思决定、记忆力等方面的能力特别差。因为贫苦，所以缺少刺激小孩感性与学习能力的玩具等，而且与父母生活的时间也很不足，这些都给孩子带来了不良影响。

（摘自《AERA》，2015-05-25）

理性与情感 1 | 理性与情感不是对立的

脑活动能够对利他主义和公平主义产生巨大影响。这里我们借鉴克里斯托弗·博姆所著《道德的起源》来思考理性和情感之间的关系。

有事例证实脑前额叶受到物理损伤，人就会不懂规则，善恶观念模糊，无法适应社会生活。19世纪菲尼斯·盖吉是最早的一个著名病例。1848年他遭遇一场意外，一根长铁棍从其左下脸颊刺入，穿越左眼后方，再由额头上方头顶处穿出头骨。由于额叶受伤，伤势恢复后他性格大变，变得粗鲁冲动，动不动就发脾气，与人交往也不顺利，原来稳定的工作也只能放弃了。从这件事可以看出，额叶具有情绪调制功能。在现代也有这样的实例，人缺失额叶，虽然在记忆、推理能力、视力、手的活动等方面都很正常，但是日常生活中的决定能力、判断能力、计划能力、内省能力会衰弱，以后的学习也无法进行。其中最关键的是为什么这些人的情感如此难以控制，或者说情感活动如此低级，简直到了日常生活都无法自理的程度。

日常生活中，为了能做出理性判断，我们最好不要感情用事。但是无论多么正确的决定，如果我们没有付诸情感，那么这个决定很容易被忘记，我们就无法借鉴过去的经验和知识。凭借深厚的知识积淀并不足以做出正确的判断，还必须有连接情感类的逻辑黏合剂。情感与理性并不是对立的，情感是支撑理性的伙伴。

自闭症患者以及脑子有问题的人、以电脑为伴的人都能够采取最为合理、利己的行动。划分出界限的，不是人类，而是经济学理论。

额叶的功能

额叶
属于大脑皮质的一部分,它掌管理性思维的同时,承担着控制情绪的职能。

刺穿菲尼斯·盖吉头部的铁棍

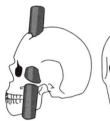 

1848年盖吉25岁,由于当时铁路建设中发生爆炸事故,如图所示一根长铁棍刺穿头部。盖吉康复后恢复了意识,一直活到了36岁,但是他的人格却与事故前截然相反,不能控制情绪,性格也变得粗暴。据说这是因为额叶受损所致。这是脑病损影响人格的著名病例。

情感是支撑理性的伙伴

理性和情感并不是对立的,相反它们相互合作。理性人并不是没有情感的人,而是能够很好地控制情感的人。
(摘自马泰奥·墨特里尼《世界因情感而动》,纪伊国屋书店)

马泰奥·墨特里尼
(意大利,1967—)

情感支撑着市场交易的公平

经济中最基本的是交换理论,交易不公平时,吃亏的一方会生气,生气就会导致冲突,因此交易必须公平。
(摘自乔治·阿克洛夫、罗伯特·席勒《动物精神》,东洋经济新报社)

罗伯特·席勒
(美国,1946—)

理性和情感 2	大脑活动与道德困境	我们做出理性判断的背后有着怎样的大脑活动这一答案越来越清晰了,接下来是情感和理性困境的例子。

　　理性和情感引发的道德困境问题,不仅是哲学家也是神经学家研究的对象。

　　在迈克尔·桑德尔教授的讲课案例(参照下页图)中,针对 Q1,大部分人的回答是"转到侧线上去",选择直线前进的只有极少数。针对 Q2,几乎所有人都选择"不推下去"。关于"即使牺牲一个人也要救另外五个人"的这个命题的课程至今仍在进行。当我们意识到自己之前所想很模糊时,说明这堂课上明白了。

　　心理学家也对这个事例进行了研究,普林斯顿大学乔舒亚·格林和乔纳森·科恩利用 fMRI 观察大脑活动得出如下结果:

　　回答 Q1 的过程中,背外侧额叶皮质(掌管理性判断)非常活跃,而回答 Q2 的过程中,一部分腹内侧额叶皮质(负责解决纠纷)非常活跃。这项研究表明情感和理性反复进行着死亡竞赛。情感的反应更直接而且发生时间短,它的反应时间用来做理性分析(背外侧额叶皮质)的话必定会延长。"把胖子推下去是正确的"这一判断经过最初的情感分析否决之后,开始转移到理性分析(背外侧额叶皮质),从而推翻之前的判断。大脑做第二个阶段判断所需的时间是第一阶段的两倍以上。

　　哈佛大学马克·豪瑟的验证试验表明:与道德相关的直觉完全不合理,即使文化(年龄、性别、出生地、宗教、教育、职业经历……)不同也是如此,这是人类的共性。

第五章 行为经济学论证人类的非理性

桑德尔教授问题的最终选择

（摘自迈克尔·桑德尔《哈佛白热教室讲义录+东大特别授业（上）》，早川书屋）

Q1　假设你是一个电车司机，你的刹车坏了，前方有5名工作人员。如果你继续前进这5个人都会死。而另一条侧线上只有1名工作人员，如果你转动方向盘驶入侧线就会撞死这个人，但另外5个人会安然无恙。正确的做法是哪种？你会怎么选择？

➡ 几乎所有人都选择"转到侧线上去"。

Q2　假设你是一个旁观者，站在电车轨道的天桥上，线路前方有5名工作人员，电车的刹车失灵了，而你旁边有个胖子趴在桥栏杆上。如果你将他推下去，那么他会死，但可以救另外5个人。你到底会不会将他从桥上推下去？

➡ 几乎所有人都选择"什么也不做"。

大脑中发生了什么

大脑侧面图

背外侧额叶皮质
与合理、功利性地判断相关

大脑侧面横截图

腹内侧额叶皮质
与和他人的共鸣、纠纷调整、情感判断相关

> 特别是在回答Q2的过程中，首先是与情感相关的腹内侧额叶皮质瞬间活跃，然后才是背内侧额叶皮质做出"牺牲1个人救下5个人"的功利判断，两者来回纠缠。

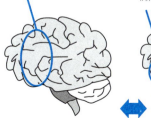 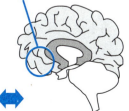

做出理性判断还是情感判断？

理性和情感 3 | 人是利己的

方面有人认为利他主义和公平主义是遗传能力的蓄积,另一方面也证实了经济方面的决定受状况与文化(后天因素)的影响。

通过最后通牒博弈我们了解了公平感和公正感。的确人们有追求公平的倾向,但是当碰上竞争之后就悄无声息了。

右页图实验 1 是 4 个国家反复进行的验证实验,结果显示提议者与响应者最大的分配比例是 0∶1,响应者获得了所有好处。如果采取竞争方式从提议者中选择一人晋级下一关,那么这个结果就是不公平的。

实验 2 进行 5 个回合之后,响应者的最低标准低于 5%,71% 的最低标准为 0%,也就是说只要能在竞争中取胜,可以不管利润多少。在标准的最后通牒博弈中,虽然能够拒绝不公平的分配,但是一旦引入竞争原理,结果就会颠覆。在克里斯托弗·博姆对晚更新世狩猎民族的研究中发现,人类的生存竞争也与之相同。

在冰河期这样的特殊时期,集团成员之间的合作破裂,形成了家庭或个人小团体,有时甚至家庭成员之间也会相互争夺。加拿大的某狩猎民族被恶劣的环境逼到了人吃人的地步。所谓的适于生存并不是利他的相互分享,而是自私的索取。这种情况下,同类相残不会受到同伴的社会制裁;一旦生命受到威胁,长期的分配体系瞬间崩溃,维持这一体系的社会管制也顷刻消失。

此外,语言、宗教、习惯等文化都是人出生后慢慢学会的,属于后天养成的品质。文化程度不同,经济行为也会有很大差别。

多个提议者竞争 实验1

A.E. 罗斯的实验（摘自大垣昌夫、田中沙织《行为经济学》，有斐阁）

最后通牒博弈中设定了多个提议者、一个响应者。响应者可以从多个提议者中决定是否接受比例最高的分配方案，这样一来其他提议者的分配方案自动被否决。

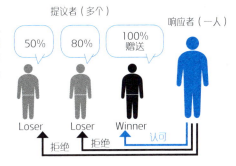

多个响应者竞争 实验2

A.E. 罗斯的实验（摘自大垣昌夫、田中沙织《行为经济学》，有斐阁）

该实验与实验1相反，设定了一个提议者、多个响应者。提议者的分配比例小于响应者的最低标准时响应者可以选择拒绝。当多个响应者的最低标准都低于提议者的分配比例时，从响应者中随机抽取作为最后分配比例。

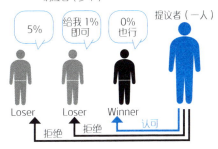

经济现象与文化

（1）本国渎职程度与外交官违反交通规则相关

1997～2002年期间各国驻纽约的外交官违规停车的事件达到15000件，由于外交官享有免责特权，所以纽约市此方面损失达1800万美元。从国别来统计外交违规停车次数，科威特246次，埃及139次，乍得124次。与此同时，在本国渎职较少的欧洲发达国家外交官在其他国家违规停车次数分别是德国1次，瑞士、荷兰及北欧各国0次。

（2）两代美国女性的劳动力供给

父母所在国家的女性劳动率和生来就是美国公民的女儿的就业率之间有某种联系，这种联系在女性所生子女数量上也有体现。

（3）宗教影响人们对市场经济的看法

伊斯兰教教徒远远比其他宗教信徒更加怀疑经济制度与结构，他们对私有财产和竞争也持否定态度。

（摘自诺伯特·哈林、奥拉夫·斯托贝克《人不能只为钱而动》，NTT出版）

认识的局限：有限理性

理性和判断 1

之前我们讨论了情感和理性，接下来我们要讨论合理性、理性的作用和局限性。

人的理性并不是完美的，这就叫有限理性。有限理性与非理性不同，非理性是指受情感支配，无法理性选择行为。如果说具备完美的理性能力的人叫作理性经济人，那么我们都只拥有有限的理性（计算能力和逻辑能力）。

即使是诺贝尔奖得主、经济学教授，都不可能完全理性，面临重大决定时他们也不可能衡量所有选择、仔细分析成本与回报、谨慎分析效用与概率、在坚定的自我认识下做决定。

我们做合理判断时，首先从视觉、听觉等器官获取信息，然后大脑对这些信息进行识别、调整。但是，这些编辑过程完全不可靠，请看下图中的视觉错误案例。

（1）不管你多么仔细，你只能看出左凹右凸（将书倒过来看则得出相反结果）。这是因为我们无法跳出"光从上面照耀下来"这一常识判断。

（2）请仔细看餐桌桌面，虽然两张餐桌长和宽都相同，但怎么看都觉得右边的桌子长一些、窄一些。

（3）听觉错误。L 和 R 的发音不同，但一般的日本人完全分不清，他们也不太清楚 She 和 Sea 的发音不同。

（4）对温度的感觉有差异的人同样会对触觉产生错觉。

虽说都是合理判断，但是它原本的前提——认知能力是有限的，因此错觉是不可避免的。

五花八门的错觉

（1）凹凸颠倒错觉

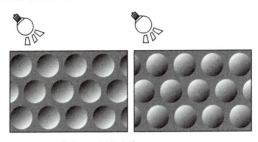

由于我们存在着光是从上面照下来的固有观念，所以看上去左边的圆是凹进去的，右边是凸出来的。

（2）长度错觉（谢泼德错觉）

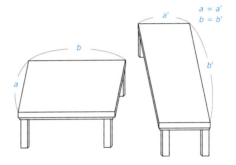

右图中左右两张桌子的桌面大小、形状完全相同。

（3）听觉错误

日本人听起来很难区分。

（4）触觉错误

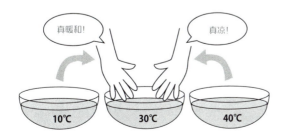

将手伸进40℃的水里浸一下再去接触30℃的水，你会觉得很凉。将手伸进10℃的水里浸一下再去接触30℃的水，你会觉得暖和。这个实验表明你的感觉完全变了。

大脑的职能

理性和判断 2

认知心理学家丹尼尔·卡尼曼为行为经济学做出了巨大贡献,他说人们总是不习惯认真思考。

我们做判断时依赖两大系统:系统 1 是直觉、情感、反射行为,系统 2 是思考系统。系统 1 迅速、不须费劲且在无意识状态下完成;系统 2 需要花费时间、努力和能量且必须在有意识状态下完成。人的判断和意志决定是系统 1 和系统 2 共同作用的结果。

系统 2 能被我们有意识地使用,比如学习外语、工作、学骑车……我们意识到自己做了某事,这是在系统 2 的作用下完成的行为。棒球、足球、柔道等职业运动员,他们的一些动作实际上无意识完成的,属于系统 1。

边弹钢琴边唱歌、在电脑键盘上盲打、手脚无意识地驾驶汽车……这些习惯性行为不需要系统 2 的参与,系统 1 能够单独处理。

日本人讲日语属于系统 1,用英语交流则属于系统 2。日本人对 20℃做出反应属于系统 1,对 68℃做出反应属于系统 2。

系统 2 很费时间,人一次只能做一种行为,而且很费神。大脑不喜欢疲劳,因此我们容易认为不合理的行为是没有好好考虑。其实,即使你想三思而行,大脑也会自行运转系统 1。

判断的两大系统

(心理学家斯坦诺维奇、韦斯特的研究)

系统1	系统2
反射行为	理性行为
脑干、小脑	额叶
无意识	有意识
速度快	速度慢
高兴	非常累
不疲劳	疲劳
只能应对相同的刺激	能够应对不同刺激

系统1的功能使我们更轻松,多数情况下我们都利用它来解决问题。

判断的两大系统

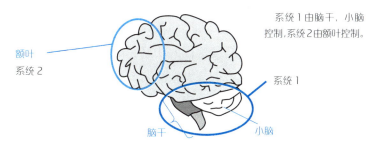

系统1由脑干、小脑控制,系统2由额叶控制。

经过学习可让系统2转向系统1

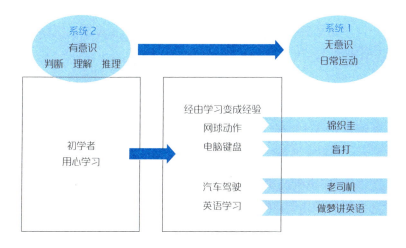

理性和判断 3 | 直觉判断容易出错

我们知道懒惰者们发挥系统 1 功能时求胜心切，发挥系统 2 功能时又懒于思考。

系统 1 和系统 2 都有局限。经过深思熟虑，理性的系统 2 可以帮助我们做出重要决策，能灵活应对环境的变化，但是一次只能做一件事。就像明天有日语、英语和数学 3 门课要进行期末考试，我们不可能同时备考三门功课，因为谁也不可能同时思考好几个问题。

在工作中，我们经常会被这样的状况弄得焦头烂额，那就是短期内必须同时处理很多事情，可是大脑的系统 2 不允许这样，它只能集中精力在一件事情上。

这时候我们能够依赖的是系统 1，因为它擅长同时处理多件事情，但是因为它处理的都是长时间掌握的东西（人类的进化、学习），所以它只有固定的处理方式，不能变通使用。棒球运动员投曲线球时的习惯一旦养成就很难改变，虽然这不合理，但还是保留了继续做这个习惯动作的缺点。

这里我们来体验一下由系统 1 和系统 2 的缺点所造成的不合理行为，解决下页图中问题 1 和问题 2。

大脑的系统 2 会从及时避免了的交通事故中学到很多东西，而且总是习惯将这些东西变成系统 1（无意识）储存起来。因此新手司机无法在开车过程中东张西望，也无法边开车边玩手机。

工厂进行指纹确认就是为了激活员工的系统 2 功能，避免员工陷入系统 1（无意识）状态。尽管如此，有些员工还是习惯运用系统 1。

系统 1 直觉判断容易出错的问题

（1）球拍和球的问题

假设有一个球拍和一个球，共计 1100 日元。已知球拍比球贵 1000 日元，请问球多少钱一个？

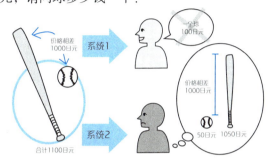

初步考虑一下，大部分人的第一反应就是 100 日元。经过系统 2 仔细考虑后就会明白答案是 50 日元。

（2）蒙提霍尔问题

将两张黑桃和一张红桃扑克牌扣在桌面上，让玩家选一张牌，选中红桃为赢。

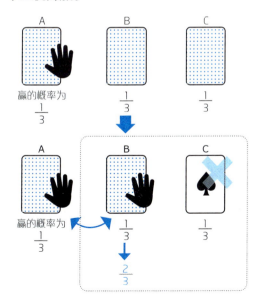

当玩家在三张扑克中选中了一张（假如为左图中的 A）时，庄家将剩下的两张（B 和 C）中的黑桃翻开（假如为 C）。如果玩家可以换牌，在 A 和 B 中该怎么选择？

很多人都认为 A 和 B 的概率不变，故而没有换牌。

当庄家翻开 C 以后，玩家可以放弃 A 而选择 B。因为 B 为红桃的概率变成了 2/3，如果玩家换成 B，赢的概率会翻倍。我们可以将这个游戏反复做 10 次，看看结果如何。

前景理论 1 | 不确定情形下人类的决策机制

卡尼曼和特沃斯基提出的行为经济学中最有名的模型是前景理论。

前景理论是说明人在不确定的情形下怎样做决策。这里的不确定是指过去没有经历的场面以及必须考虑将来的场面。在这样的情况下,大脑经过了如下判断过程。

> （1）编辑过程：简化整理问题。
> ↓
> （2）评价过程：
> 价值函数——通过价值函数评价结果的好坏。
> 概率函数——通过概率函数评价易发程度。
> ↓
> （3）选择结果（意思决策）。

在前景理论中,假设人们做决定时经过两个过程。

首先在编辑过程中收集信息,这是为了简单比较选择项,也就是在许许多多信息中选出必要信息,排除不重要信息,对信息进行简化整理。这种整理带有探索性和各种偏见,具有不合理性。

其次在评价过程中,通过价值函数主观判断结果的好坏,并通过概率函数主观判断易发程度。这些工作结束后就是选择结果,选择也不是以客观标准为依据,而是根据主观评价来进行。下面我们来看看各个流程。

前景理论

（1）编辑过程

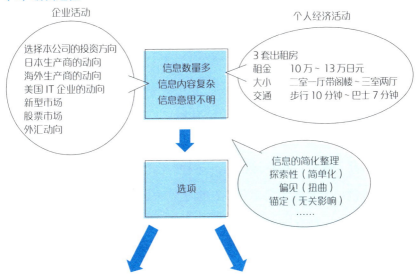

（2）评价过程

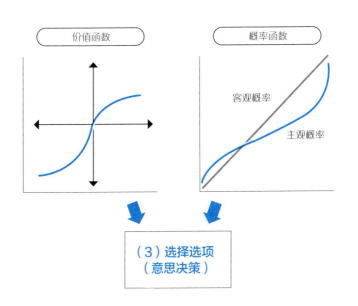

前景理论 2 | 思维的简化编辑过程

做决策时人们会尽量整理、简化信息。此外,这一过程会受当时心理状态、气质、周围环境的影响。

人们并不是在完全空白状态下做决断,做选择时也不会认真讨论,而是准备几个模式,根据这些模式选择。例如,在有限的时间内直觉判断的标准叫启发式(简单化),也是思考的简化方法。简化之后判断速度加快,这种方法很方便。

当然,人容易根据简单的数字或周围环境来判断,容易陷入以往的经验——即偏见——当中。

这种编辑方法会引起许多矛盾,在这个过程中系统1的简单操作显然未必合理。

编辑过程代表事例

(1) 启发式	
① 首因效应	通过头脑中容易浮现的例子来判断
② 刻板效应	通过部分例子来判断能够代表整体的事物
③ 定势效应	一旦找到正确答案就信以为真
(2) 锚定效应	以第一信息为基准进行比较、判断
(3) 框架效应	框架左右判断。就业率90% ⇔ 失业率10%
(4) 羊群效应	店铺前面有人排队,所以认为这家店的东西好吃
(5) 美德财·邪恶财	A说法:油分减掉70% ⇔ A说法:含有30%油分
(6) 投射效应	空腹逛超市会买很多不需要的食材
(7) 晕轮效应	根据极其有限的信息(学历或公司名称)推断
(8) 不义之财不可留	赌博、买彩票得到的钱要大肆挥霍
(9) 近因效应	根据许多信息做出决定,最后朋友一句话就使其改变主意
(10) 鼠目寸光	比起将来的目标(减肥、存钱)更在乎眼前利益
(11) 诱饵效应	选最中间的。松竹梅组合,诱饵商品
(12) 确认偏误	做出选择后只收集能够支持其观点的信息
(13) 沉没成本	已经投入了这么多成本,想撤也不能撤了

例1 典型启发式

认为过去的一个例子可以代表全体。

假设要你从彩票号码"222222"和"732841"中选一个,虽然概率相同,但多数人选择"732841"因为在过去的彩票经验中,像"222222"这样的规则号码没中过,代表彩票整体的数字是像"73284"这样的不规则数字,所以选择此项。

例2 首因效应启发式

人类倾向于根据容易想起的信息来判断。

交通死亡事故比自杀更容易浮现脑海,所以我们会觉得交通事故的死亡数比自杀人数多。通过电视或报道目睹后记忆更加深刻。

日本 2013 年死亡人数比较(按死因划分)

交通事故死亡数	自杀人数	他杀人数
4373 人	27283 人	341 人

(日本警察厅、内阁府、厚生劳动省发布)

例3 锚定效应

锚用来固定停泊的船只,它给人的印象是固定的。

电视购物的主持人介绍商品时说"这个清扫机之前要 5 万日元",其目的在于让观众记住 5 万这个价格(锚),之后又说"今天它只要 48800 日元",让观众觉得很便宜。

锚被一些无关数字牵着。例如,行为经济学家丹尼尔·卡尼曼做了这样的实验,先让实验对象转动转轮,然后要求他们回答联合国成员中非洲国家占多少。结果轮盘转到数字 10 时组员回答的平均值为 25%,转到数字 65 时组员回答的平均值为 45%,而正确答案是 193 个成员国中有 54 个属于非洲,占比为 28%(截至 2015 年 5 月)。

前景理论 3　不同顾客对降价8美元感受不同的原因

卡尼曼提出的价值函数图形是S形的，这里我们来分析它与边际效用函数的不同。

我们在潜意识中是相对思考问题的，无论什么事情，我们都会设立一个基准点或参照点，然后以此判断。卡尼曼和特沃斯基将这种主观评价称为价值，并画出了价值函数。

价值不是绝对值，而是相对值。对于18℃这一绝对气温，如果是初春18℃，那么我们会觉得很暖和；但如果是初秋我们会觉得很冷，因为温度的基准点发生了变化。

我们也可以考虑消费者心理。假设15美元的T恤因促销降了8美元，我们看到这样的广告会感叹"真便宜，划算"，然后专程步行或乘车去买。但同样是8美元，如果一套500美元的西装限定今日降价8美元，那会显得没有任何吸引力，没有人愿意专程去买。我们为了赶上"今日120日元的鸡蛋降价15日元"的促销骑自行车前去买，买完后想着"累了犒劳一下自己"，于是又买了冰激凌，现实中这样的事情时有发生。可见，钱包里8美元的绝对值与心里8美元的相对值是不同的。

效用或满意度不是以绝对值标准，而是以心里的标准来衡量的，这个标准就是参照点。既然是心里的价值函数，那么也可能出现负数，即遗憾度、失望度。如此一来形成了下图这个价值函数，它以参照点为中心呈S形。

以往的效用函数与心里价值函数

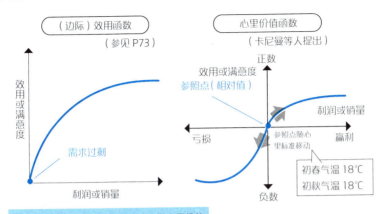

效用函数的基准点不会变动,但心里价值函数的基准点会随主观波动。此外,亏损是否定性评论,它的函数图呈现右图所示的S形。

心里价值函数的具体例子

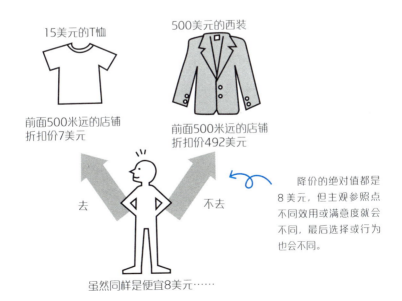

降价的绝对值都是8美元,但主观参照点不同效用或满意度就会不同,最后选择或行为也会不同。

前景理论 4

放弃年薪600万日元而选择500万日元

价值函数的原点（即参照点）不是绝对的，而是自由变化的，参照点设定不同，对盈亏的看法也会不同。

　　价值函数的参照点是心里的参照点，因此原点的设定不同，参照点就会不同。奖金就是一个很好的例子。

　　假设去年经济景气、公司业绩很好，发了30万日元的奖金，希望今年奖金能提高10%，达到33万日元，那么33万日元就是参照点。有时候最后结果是我们很失望——又是这个数字，因为我们是以和去年相同的30万日元为参照点。

　　如果公司今年加了2万日元奖金，那么绝对金额就是2万日元，但是期待33万日元却只有32万日元，低于参照点，我们还是会失望。因为从参照点来看，我们损失了1万日元。如果参照点是30万日元，那么我们会喜出望外——诶？没想到涨了！

　　框架效应的参照点也会变化。将焦点放在利润还是亏损上，这会导致人做出不同的决断，虽然效果都一样，但下页图中Q1强调的是利益，所以最终决定选择方案A。"获救"这个词的言外之意是以"谁也救不了"为参照点，因此决策人会认识到救人才是利益，于是这种情况用价值函数图表示就成了右边情形。

　　与此相反，Q2强调的是损失，所以最终决定选择方案B。因为一听到"死人"之类的话，就知道这是以"不死人"作为参照点，决策人便会意识到死人是损失，于是这种情况用价值函数图表示就成了左边情形。

金额相同但效用随参照点变化

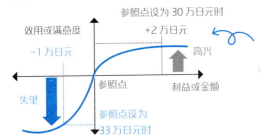

同样是拿到 32 万日元奖金,根据期望金额(参照点)的不同效用或满意度有正有负。

放弃年薪 600 万日元而选择 500 万日元

A公司

公司给你开的年薪为 500 万日元。

B公司

公司给你开的年薪为 600 万日元,但是其他应届毕业生都是 650 万元。

32 名学生中 22 名选择 A 公司,余下 10 名选择 B 公司。

(摘自马泰奥·墨特里尼《经济因情感而动》,纪伊国屋书店)

框架效应

(摘自马泰奥·墨特里尼《世界因情感而动》,纪伊国屋书店)※ 数值有改动

Q1 选择哪个方案作为不明传染病的治疗对策?

方案 A　确定一半村民可以得救。
方案 B　一半的可能是全部村民得救,另一半的可能是没有一人得救。

➡ 强调利益,决策者倾向于选择方案 A。

Q2 选择哪个方案作为不明传染病的治疗对策?

方案 A　确定一半村民会死。
方案 B　一半的可能是全部村民都丧命,一半的可能是没人丧命。

➡ 强调损失,决策者倾向于选择方案 B。

前景理论 5　安于现状的风险规避心理

价值函数图的特点是负数部分曲线的坡度陡,它表示与好处相比损失对人的打击更大。

卡尼曼的研究表明:人们在受损时感受到的打击程度是受益时感觉到的兴奋度的 2.25 ~ 2.5 倍,受损比受益给人的感觉要沉重 2 倍以上(各种研究的平均值为 1.5 ~ 2.5 倍)。比起受益,人们规避损失的动机更强,这就叫损失规避。

例如,实验对象被要求回答"中奖率 50% 的彩票,没中奖的话将损失 1000 日元,如果你中奖的话你希望得到多少钱?你买不买这种彩票?"回答的平均值在 2000 ~ 2500 日元之间,这表示 1000 日元的负面效果和 2000 ~ 2500 日元的正面效果相当。反过来说,得到 2000 ~ 2500 日元的价值和失去 1000 日元的价值差不多。比起受益,人们极其反感受损。如此一来现状维持偏好与不愿失去已有的东西的增持效应便能解释了。

例如,某公司要引入跳槽以及职场新方法,因为这些是舍弃现有的岗位,停止以往的做法,假设将这个数值定为 100,那么失去 100 的价值与获得 200 ~ 250 的价值相同。

假如挑战新事物能获利 200 ~ 250,一开始是很划算的。但是将来是不确定的,未必能保证一定获利 200 ~ 250,于是舍弃过去将会承担很大的风险,这是心理上的负担感,于是人们往往不会选择挑战新事物,而是偏好维持现状。这就是现状维持偏好。跳槽、改革都需要跨越很高的心理门槛儿。

价值函数的损失规避偏好

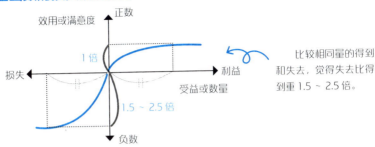

比较相同量的得到和失去,觉得失去比得到重 1.5 ~ 2.5 倍。

增持效应

对于自己的东西,人们总是希望持续拥有,即使它只是心理实验中用到的折纸或杯子。转让爱车的主人和买主的参照点不同,爱车主人的心理是损失规避,因此虽然不用这台车了也不会扔掉。

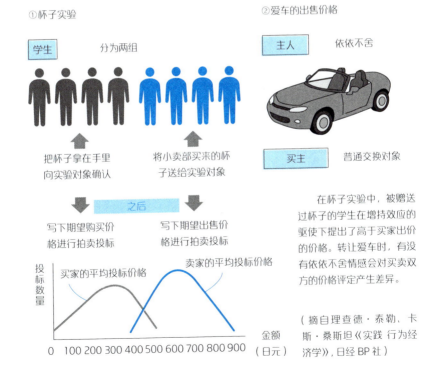

在杯子实验中,被赠送过杯子的学生在增持效应的驱使下提出了高于买家出价的价格。转让爱车时,有没有依依不舍情感会对买卖双方的价格评定产生差异。

(摘自理查德·泰勒、卡斯·桑斯坦《实践 行为经济学》,日经 BP 社)

前景理论 6 | 购买空头彩票的原因

相对客观概率，人们还有自己的主观概率。显示扭曲或背离客观概率的图形称为概率函数。

　　客观概率和主观概率原本应该是相同的，比如往空中抛硬币时正反两面的概率通常都是二分之一，客观概率是一条与轴线呈45°角的直线，但是连续几次都出现反面后被问到下一次会是什么时，人们往往会说"接下来可能是正面"，并预想出现正面的概率大于二分之一。这就是主观概率的扭曲或背离。

　　下页图中的概率函数图形的 A 部分表示，随着概率的减小，人们越来越不清楚原因。比如，200 万次航班中才有一次飞机事故，也就是说飞机事故的客观概率大约为 0.00005%。但是人们对事故报道印象深刻，粗略估计比实际发生的概率要大。日本 1.4 万人当中才有一人遭遇电动车事故，也就是说电动车事故的客观概率约为 0.007%。由此看来，遭遇电动车死亡事故的概率比飞机事故大（危险度高 140 倍）。但是人们往往会主观判断"飞机更危险"。

　　反过来说，像图形 B 部分这样客观概率大时，粗略估计主观上的差值很小。根据莫里斯·阿莱的悖论，Q1 选择（1）Q2 也选（1），Q1 选（2）Q2 也选（2）这样的选择才合理，但实际上多数人 Q1 选（1）、Q2 选（2）。在客观概率比较大的 B 区域属于风险规避，在客观概率比较小的 A 区域属于风险偏好。在 Q1 中人们讨厌（风险规避）1% 什么都得不到这种可能，于是选择（1）。在 Q2 中客观概率很小，所以往往选择（2）风险偏好。

　　主观概率左右前景理论下做出的决定。

通过概率函数把握主观概率的偏离

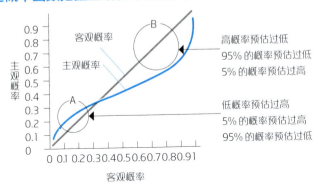

彩票中一等奖的概率为 1/1000 万,即 0.00001%
1000 万次 ÷ 人生 80 年(29220 天)= 约 342
每天买一注彩票,反复 342 次人生才能中奖一次

莫里斯·阿莱的悖论

Q1 选择哪个?
(1) 保证得到 100 万日元。
(2) 打个赌:89% 能够得到 100 万日元,10% 能够得到 250 万日元,1% 什么也得不到

Q2 选择哪个?
(1) 11% 能够获得 100 万日元。
(2) 10% 能够获得 250 万日元。

	图中 A 部分 客观概率低	图中 B 部分 客观概率高
利益	成功率 5% 时 对概率预估过高 →偏好风险(比如:彩票)	成功率 95% 时 害怕万一(5%) →规避风险
损失	失败率 5% 时 害怕万一 →规避风险(比如:保险)	失败率 95% 时 为了防止损失赌一把 →偏好风险

(摘自卡尼曼的前景理论,上述例子解说出自笔者)

幸福 1 | 收入和幸福感指数比例失衡

> **经** 济学不涉及主观幸福,因为主观幸福难以定义,难以将其数字化,无法进行客观比较。

幸福是主观的东西。比如,实验对象 A 得到苹果时感受到的幸福与 B 得到苹果时感受到的幸福都无法数字化。此外,A 和 B 在回答这一问题时的心理状态也会对其回答结果产生很大影响。

对幸福感的主观回答不能完完全全排除答题人的偏见,这里我们以此为前提进行验证。

请看有关幸福感的国际比较(见下页上图)。在低收入国家,收入上涨等同于幸福感提高,二者成相关关系,但是一旦收入达到一定水平,这种相关关系就消失了。

和 1980 年相比,2008 年日本人均 GDP 翻了一番,但幸福感没有增加。生活水平提高,幸福感应随之增加,但事实不是这样的。这就叫幸福悖论(伊斯特林悖论),其背景如下。

1. 人们的相对收入

收入的参照点不是绝对收入而是相对收入。据大阪大学调查,日本人不会和北欧或北非以及最贫穷国家比较收入,一半日本人和邻居比工资,百分之十的日本人和日本平均收入进行比较。

2. 习惯

人们习惯了周围环境,生活水平提高,提高的水平就成了以后的参照点,这样参照点就会变动,因此遇到事故或彩票中奖之类的,幸福感暂时又回到原来水平。

各国收入与幸福感相关图

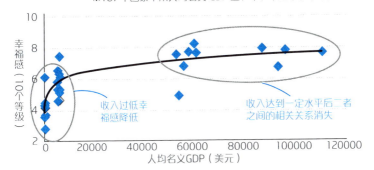

日本收入和幸福感变化

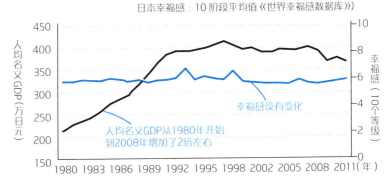

提问容易被操作,回答受暂时效果左右

(摘自伊扎克·吉尔伯阿《理性选择》,美铃书房)

> (1)你对自己的人生满意程度是多少?
> (2)你上个月约会几次?

　　这是一个以学生为对象的实验,按由(1)到(2)的顺序提问的话,两者之间没有相关关系,但如果反过来按照由(2)到(1)的顺序提问的话,两者之间的相关关系急剧密切。此外,(1)的提问是在天气晴朗的早晨或者阴云密布时,其结果会有显著偏差,这说明天气也会影响心情。

幸福 2 | 政策的目标在于提高国民主观幸福感

人的参考标准是相对性和习惯两者兼备，那么主观幸福感是不是政策目标？

从根本上来讲，毫无疑问高收入国家的人们比贫困国家的人们幸福。根据对多个国家之间不同时间的调查显示，影响幸福的因素依旧是那些老生常谈的因素。它们包括有无配偶、有无职业、家人经济状况、交流环境、健康、政治自由以及个人或宗教价值观。

收入越高幸福感越强这一关系同样适用于日本。收入下降或生活环境变差，主观幸福感也会降低，这一点在低收入人群中尤其明显。孩童时代家庭贫困的人长大后感觉不幸福的概率比普通人高 4.2%，而感觉不幸福的人的实际比例为 10% ~ 11%，因此统计方面存在误差。其中孩童时代的贫困对幸福感带来直接影响的占比上升到 61.6%（小盐隆士《幸福的决定方式》，日本经济新闻出版社），虽然不至于有钱就幸福，但没钱肯定影响幸福感。

政策的焦点不是使幸福最大化而是使不幸最小化，政策能够将目标具体化。经济增长无法让富裕阶层的幸福最大化，但它能使贫困阶层的不幸最小化。

最近"差距社会"备受关注，经济增长实实在在提高了最贫困国家的福利，《联合国千年发展目标》意在让日均生活费用低于 1.25 美元的最贫困阶层在 1990 年的数量上减半，这一目标在目标年份 2015 年即将到来时实现了，最贫困阶层数量确实减少了。

习惯了生活环境,参照点发生变化

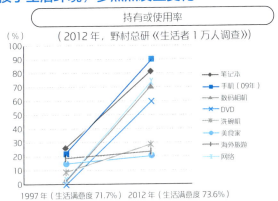

信息终端及家电的持有率上升,生活水平提高,但满意度没有大变化。

缺钱影响幸福感

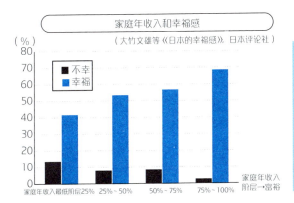

收入和幸福不是正比例关系,尤其贫困阶层收入低会极大影响幸福。由于参照点不断变化,很难实现幸福最大化,而使贫困阶层的不幸最小化这一目标很容易实现。

亚当·斯密
(英国,1723—1790)

幸福在于平静,幸福之人健康、没有负债、没有良心不安。对于处在这种境界的人来说,继续增加财富都是没必要的,因为已经没有什么东西能够再添加进这种状况,但可能减少的东西却很多。这种状况和悲惨最底层之间距离是无限且巨大的。

(摘自亚当·斯密《道德情操论》,岩波书店)

经济学巨人们的人类观和三种经济学

> **经济学全貌**

关于经济学中人类的理性和情感问题,马歇尔的这句话概括得简明扼要——冷静的头脑温暖的心。

凯恩斯将非理性的人类情感或情绪称为"动物精神","预期"是凯恩斯理论的核心部分。他认为,"将来是不确定的,人必须现在采取行动,这才是应对不景气的机制"。

亚当·斯密被誉为"经济学之父",他提出了"看不见的手"这一说法,同时他一度被当成市场原教旨主义的先驱。他在《国富论》中写道:"如果任由利己之心驱使,看不见的手会带来社会整体利益的增加。"这一名句被广泛引用。

但是亚当·斯密主张利己之心与道德心两立,推崇"自由"与"公平"的价值观,它们就像车子的两个轮胎,所以我们不能只设定利己之人,即贪得无厌之人。人原本就不是只知道贪得无厌的,这是斯密的另一重要著作《道德情操论》的主题。

他的关键词"看不见的手"曾出现在《国富论》和《道德情操论》中:在《国富论》中,"看不见的手"是"能够增加社会整体利益"的手;而在《道德情操论》中,"看不见的手"是"能够实现平等分配"的手。此外,一般人认为竞争是弱肉强食,但斯密认为竞争是抑制利己之心。因为再怎么追求个人利益、抬高价格,有竞争就能通过价格来抑制。

经济学的对象是效率和公平,效率等同于财政或成本之类的话是许多人避之唯恐不及的,但亚当·斯密认为它是经济学研究不能不涉及的重要对象。站在风口浪尖,立场问题是经济学难以摆脱的。

凯恩斯、亚当·斯密的人类观和三种经济学

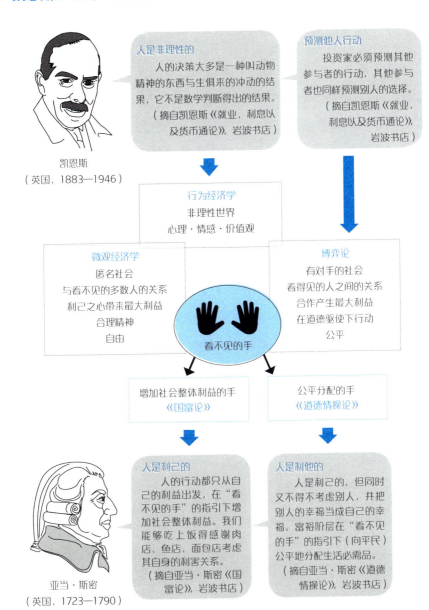

后记

通读此书，相信大家理解了市场原教旨主义及新自由主义下人们合理、理性、利己地做出选择都是可以的，但是这样会产生距离感或不协调感。相信大家能理解，这些只不过是经济分析中的一部分，市场原理（即机制）归根结底是由完全竞争市场和完全垄断市场这两个极端市场组成的，这两个极端的市场在现实社会中是不存在的。

在这一点上它和高中物理学中忽略空气阻力是同一个道理。虽然现实社会中不存在，但是通过假想可以渐渐加深理解，就像高铁上必要的制动能力也能计算一样。

新自由主义是20世纪80年代流行的"小政府"路线，其定义是政府必须很小才是最理想的，民间能办到的事交给民间去办。但是这样的小政府也是不存在的（关于政府规模的扩大请参考拙著《图解微观经济学》，角川书店）。政府规模扩大的同时，没有政府就解决不了的问题也在增加（比如全球性的环境问题、资源问题、传染病对策……）。

我们所生活的这个世界不是合理的世界。

> **日本国宪法**
>
> 第一条　天皇是日本国的象征，是日本国民统一的象征，其地位以主权所属的日本国民之意志为依据。
>
> 第十四条　全体国民在法律面前一律平等。在政治、经济以及社会关系中，都不得以人种、信仰、性别、社会身份以及门第的不同而有所差别。

没有姓氏、没有选举权、没有选择职业的自由，第一条是对基本人权的限制，第十四条是规定法律面前一律平等，这两条之间的矛盾

法国革命将理性主义推向极端，革命中处决了国王。对此，当时的英国政治哲学家埃德蒙·伯克极力批判——历史和传统超越了理性。

> 割断历史和传统会导致上下两代之间失去连接，那么人无异于夏天的苍蝇。
>
> （中野好之译《法国大革命之省察》，岩波书店）
>
> 某个国民在既存政治制度下长年累月生存繁衍，这一事实使国民远离那些无知的新计划，无条件为既存体制说理。
>
> （中野好之译《伯克政治经济论集》，法政大学出版局）

世界传承了以歌舞伎与相扑等为代表的日本历史和文化，其中有很多东西并没有被近代理性主义割断。

正如本书中的分析，经济方面的选择行为与理性、情感、价值观都有关联，精神活动由"知情意＝价值判断真善美"构成，是整个人格的流露。

> 我一边沿着山路而上，一边这样想：重理则棱角尽显，承情则随波逐流，执意则难以畅怀。总而言之，生活是艰辛的。
>
> （夏目漱石《草枕》，新潮社）

我们生活在合理但无法割裂的世界里，哭泣、发怒、欢笑、伸手……这些都是人生的本质。

"如果给这些东西加上一个统一的标题，那就是'人生是复杂的'。信息是不完全的，政府是不完全的，人也是不完全的。"（曼昆）

人不是比萨斜塔上落下的铁球，他有自己的意志，从学术上来说是很复杂的。局限于人这一对象，想要建立一套完美无缺的理论，这在经济学上是不可能的。

菅原晃

2015 年 9 月